全国扶贫教育培训教材（第一批）

# 精准扶贫精准脱贫方略

## 基层干部读本

全国扶贫宣传教育中心　组织编写
庄天慧　主　编

中国农业出版社
北　京

# 编 委 会

# PREFACE 序

2018年2月12日，习近平总书记在四川成都主持召开“打好精准脱贫攻坚战”座谈会，对贯彻好党的十九大精神，全面打好精准脱贫攻坚战做出新部署时强调：“要突出抓好各级扶贫干部学习培训。对县级以上领导干部，重点是提高思想认识，引导树立正确政绩观，掌握精准脱贫方法论，培养研究攻坚问题、解决攻坚难题能力。对基层干部，重点是提高实际能力，培育懂扶贫、会帮扶、作风硬的扶贫干部队伍。”总书记关于做好干部学习培训工作的重要论述，是习近平总书记关于扶贫工作的重要论述的重要内容，为做好新时代脱贫攻坚干部培训工作指明了方向，提供了指引。

党的十八大以来，以习近平同志为核心的党中央把脱贫攻坚摆在治国理政突出位置，全面打响脱贫攻坚战。新时代脱贫攻坚的精准扶贫精准脱贫基本方略，是对传统扶贫开发方式的根本性变革，对广大干部群众的扶贫实践提出了新的要求，也对以提高扶贫干部工作水平为主要目标的扶贫教育培训提出了新的努力方向。全国扶贫宣传教育中心深入学习贯彻习近平新时代中国特色社会主义思想和党的十九大精神，以习近平总书记关于扶贫工作的重要论述为根本遵循，认真研判扶贫培训需求，积极推进扶贫教育培训教材建设。

2017年，全国扶贫宣传教育中心两次召开扶贫教育培训教材体系建设研讨会，评估脱贫攻坚培训内容及需求，对教材主题、形式、内容等进行研讨，确定第一批理论类、政策类、实务类、案例类和专题类5类8本教材的编写方案及编写大纲，邀请十多位长期研究中国扶贫问题并有丰富积累的教授担纲编写。历时一年多，在国务院扶贫办领导支持下，在扶贫办政策法规司及其他各司各单位指导帮助下，第一批全国扶贫教育培训教材于2018年初编写完成，中国农业出版社承担了出版发行工作。第一批全国扶贫教育培训教材共八册，分别是：《中国扶贫理论的形成与发展》《脱贫攻坚战略与政策体系》《精准扶贫精准脱贫方略》《产业扶贫脱贫概览》《资产收益扶贫的实践探索》《贫困村精准扶贫实施指南》《贫困村创业致富带头人培育工程优秀案例选编》和《脱贫攻坚理论实践创新研究》。

《中国扶贫理论的形成与发展》对贫困进行概述，系统阐述了贫困的产生、测量、分析的维度，重点论述了中国特色扶贫理论的背景、中国特色扶贫理论的构建，以及习近平总书记关于扶贫工作的重要论述。

《脱贫攻坚战略与政策体系》从横向和纵向两个维度对脱贫攻坚战略和政策体系进行叙述和讨论，阐述发展生产脱贫、转移就业脱贫、资产收益扶贫、易地搬迁脱贫、生态扶贫、教育扶贫、健康扶贫、社会保障扶贫以及解决特殊类型贫困问题，组织社会动员和社会参与，为脱贫攻坚提供保障等方面的政策措施。

《精准扶贫精准脱贫方略——基层干部读本》阐释了精准扶贫精准脱贫与全面建成小康社会之间的内在联系与重大意义、脱贫攻坚的目标与任务，深刻剖析了五大发展理念、六个精准与精准扶贫精准脱贫的辩证关系，分析了脱贫攻坚需要处理好的重大关系。

《产业扶贫脱贫概览》对产业扶贫进行了阐述和讲解，对我国产业扶贫及其历程进行了梳理，对扶贫产业选择的方法和未来发展的趋势进行了介绍，还对扶贫产业的风险及其防范进行了重点说明。

《资产收益扶贫的实践探索》在对各地资产收益扶贫项目进行实地调研、总结和提炼的基础上，从理论层面出发，对资产收益扶贫项目的运行机制和发展方向进行深入探索。

《贫困村精准扶贫实施指南——精准扶贫村级实施的程序与方法》包括四个方面的内容：精准扶贫的基本工作程序、村组层次扶贫方案的备选清单、国家打赢脱贫攻坚战相关政策选编、社区贫困的调研与分析方法。

《贫困村创业致富带头人培育工程优秀案例选编》从全国征集的

贫困村创业致富带头人培育工程案例中优选了10个案例进行讲解，并对具体的做法、效果、机制、政策等方面进行了重点论述。

《脱贫攻坚理论实践创新研究》以党的十八大为时间节点，充分反映了近五年来扶贫领域理论与实践的新思路和新发展，系统梳理了脱贫攻坚各领域政策体系、体制机制和实践经验。

2018年6月15日，中共中央、国务院印发《关于打赢脱贫攻坚战三年行动的指导意见》要求“实施全国脱贫攻坚全面培训”。我们认为，这八本教材以习近平总书记关于扶贫工作的重要论述为根本遵循，紧紧围绕脱贫攻坚重要问题和关键议题展开，具有基础性、开拓性、可操作性等特点，希望能够为全国脱贫攻坚“大培训”提供参考和借鉴，助力打赢脱贫攻坚战。

全国扶贫宣传教育中心

2018年7月

## CONTENTS 目录

# 导　论

## 中共中央　国务院关于打赢脱贫攻坚战的决定

（2015 年 11 月 29 日）

确保到 2020 年农村贫困人口实现脱贫，是全面建成小康社会最艰巨的任务。现就打赢脱贫攻坚战作出如下决定。

### 一、增强打赢脱贫攻坚战的使命感紧迫感

消除贫困、改善民生、逐步实现共同富裕，是社会主义的本质要求，是我们党的重要使命。改革开放以来，我们实施大规模扶贫开发，使 7 亿农村贫困人口摆脱贫困，取得了举世瞩目的伟大成就，谱写了人类反贫困历史上的辉煌篇章。党的十八大以来，我们把扶贫开发工作纳入“四个全面”战略布局，作为实现第一个百年奋斗目标的重点工作，摆在更加突出的位置，大力实施精准扶贫，不断丰富和拓展中国特色扶贫开发道路，不断开创扶贫开发事业新局面。

我国扶贫开发已进入啃硬骨头、攻坚拔寨的冲刺期。中西部一些省（自治区、直辖市）贫困人口规模依然较大，剩下的贫困人口贫困程度较深，减贫成本更高，脱贫难度更大。实现到 2020 年让 7 000 多万农村贫困人口摆脱贫困的既定目标，时间十分紧迫、任务相当繁重。必须在现有基础上不断创新扶贫开发思路和办法，坚决打赢这场攻坚战。

扶贫开发事关全面建成小康社会，事关人民福祉，事关巩固党的执政基础，事关国家长治久安，事关我国国际形象。打赢脱贫攻坚战，是促进全体人民共享改革发展成果、实现共同富裕的重大举措，是体现中国特色社会主义制

度优越性的重要标志，也是经济发展新常态下扩大国内需求、促进经济增长的重要途径。各级党委和政府必须把扶贫开发工作作为重大政治任务来抓，切实增强责任感、使命感和紧迫感，切实解决好思想认识不到位、体制机制不健全、工作措施不落实等突出问题，不辱使命、勇于担当，只争朝夕、真抓实干，加快补齐全面建成小康社会中的这块突出短板，决不让一个地区、一个民族掉队，实现《中共中央关于制定国民经济和社会发展第十三个五年规划的建议》确定的脱贫攻坚目标。

## 二、打赢脱贫攻坚战的总体要求

### （一）指导思想

全面贯彻落实党的十八大和十八届二中、三中、四中、五中全会精神，以邓小平理论、“三个代表”重要思想、科学发展观为指导，深入贯彻习近平总书记系列重要讲话精神，围绕“四个全面”战略布局，牢固树立并切实贯彻创新、协调、绿色、开放、共享的发展理念，充分发挥政治优势和制度优势，把精准扶贫、精准脱贫作为基本方略，坚持扶贫开发与经济社会发展相互促进，坚持精准帮扶与集中连片特殊困难地区开发紧密结合，坚持扶贫开发与生态保护并重，坚持扶贫开发与社会保障有效衔接，咬定青山不放松，采取超常规举措，拿出过硬办法，举全党全社会之力，坚决打赢脱贫攻坚战。

### （二）总体目标

到2020年，稳定实现农村贫困人口不愁吃、不愁穿，义务教育、基本医疗和住房安全有保障。实现贫困地区农民人均可支配收入增长幅度高于全国平均水平，基本公共服务主要领域指标接近全国平均水平。确保我国现行标准下农村贫困人口实现脱贫，贫困县全部摘帽，解决区域性整体贫困。

### （三）基本原则

——坚持党的领导，夯实组织基础。充分发挥各级党委总揽全局、协调各方的领导核心作用，严格执行脱贫攻坚一把手负责制，省市县乡村五级书记一起抓。切实加强贫困地区农村基层党组织建设，使其成为带领群众脱贫致富的坚强战斗堡垒。

——坚持政府主导，增强社会合力。强化政府责任，引领市场、社会协同发力，鼓励先富帮后富，构建专项扶贫、行业扶贫、社会扶贫互为补充的大扶贫格局。

——坚持精准扶贫，提高扶贫成效。扶贫开发贵在精准，重在精准，必须解决好扶持谁、谁来扶、怎么扶的问题，做到扶真贫、真扶贫、真脱贫，切实提高扶贫成果可持续性，让贫困人口有更多的获得感。

——坚持保护生态，实现绿色发展。牢固树立绿水青山就是金山银山的理念，把生态保护放在优先位置，扶贫开发不能以牺牲生态为代价，探索生态脱贫新路子，让贫困人口从生态建设与修复中得到更多实惠。

——坚持群众主体，激发内生动力。继续推进开发式扶贫，处理好国家、社会帮扶和自身努力的关系，发扬自力更生、艰苦奋斗、勤劳致富精神，充分调动贫困地区干部群众积极性和创造性，注重扶贫先扶智，增强贫困人口自我发展能力。

——坚持因地制宜，创新体制机制。突出问题导向，创新扶贫开发路径，由“大水漫灌”向“精准滴灌”转变；创新扶贫资源使用方式，由多头分散向统筹集中转变；创新扶贫开发模式，由偏重“输血”向注重“造血”转变；创新扶贫考评体系，由侧重考核地区生产总值向主要考核脱贫成效转变。

## 三、实施精准扶贫方略，加快贫困人口精准脱贫

### （四）健全精准扶贫工作机制

抓好精准识别、建档立卡这个关键环节，为打赢脱贫攻坚战打好基础，为推进城乡发展一体化、逐步实现基本公共服务均等化创造条件。按照扶持对象精准、项目安排精准、资金使用精准、措施到户精准、因村派人精准、脱贫成效精准的要求，使建档立卡贫困人口中有 5 000 万人左右通过产业扶持、转移就业、易地搬迁、教育支持、医疗救助等措施实现脱贫，其余完全或部分丧失劳动能力的贫困人口实行社保政策兜底脱贫。对建档立卡贫困村、贫困户和贫困人口定期进行全面核查，建立精准扶贫台账，实行有进有出的动态管理。根据致贫原因和脱贫需求，对贫困人口实行分类扶持。建立贫困户脱贫认定机制，对已经脱贫的农户，在一定时期内让其继续享受扶贫相关政策，避免出现边脱贫、边返贫现象，切实做到应进则进、应扶则扶。抓紧制定严格、规范、透明的国家扶贫开发工作重点县退出标准、程序、核查办法。重点县退出，由县提出申请，市（地）初审，省级审定，报国务院扶贫开发领导小组备案。重点县退出后，在攻坚期内国家原有扶贫政策保持不变，抓紧制定攻坚期后国家帮扶政策。加强对扶贫工作绩效的社会监督，开展贫困地区群众扶贫满意度调查，建立对扶贫政策落实情况和扶贫成效的第三方评估机制。评价精准扶贫成效，既要看减贫数量，更要看脱贫质量，不提不切实际的指标，对弄虚作假搞“数字脱贫”的，要严肃追究责任。

## （五）发展特色产业脱贫

制定贫困地区特色产业发展规划。出台专项政策，统筹使用涉农资金，重点支持贫困村、贫困户因地制宜发展种养业和传统手工业等。实施贫困村“一村一品”产业推进行动，扶持建设一批贫困人口参与度高的特色农业基地。加强贫困地区农民合作社和龙头企业培育，发挥其对贫困人口的组织和带动作用，强化其与贫困户的利益联结机制。支持贫困地区发展农产品加工业，加快一、二、三产业融合发展，让贫困户更多分享农业全产业链和价值链增值收益。加大对贫困地区农产品品牌推介营销支持力度。依托贫困地区特有的自然人文资源，深入实施乡村旅游扶贫工程。科学合理有序开发贫困地区水电、煤炭、油气等资源，调整完善资源开发收益分配政策。探索水电利益共享机制，将从发电中提取的资金优先用于水库移民和库区后续发展。引导中央企业、民营企业分别设立贫困地区产业投资基金，采取市场化运作方式，主要用于吸引企业到贫困地区从事资源开发、产业园区建设、新型城镇化发展等。

## （六）引导劳务输出脱贫

加大劳务输出培训投入，统筹使用各类培训资源，以就业为导向，提高培训的针对性和有效性。加大职业技能提升计划和贫困户教育培训工程实施力度，引导企业扶贫与职业教育相结合，鼓励职业院校和技工学校招收贫困家庭子女，确保贫困家庭劳动力至少掌握一门致富技能，实现靠技能脱贫。进一步加大就业专项资金向贫困地区转移支付力度。支持贫困地区建设县乡基层劳动就业和社会保障服务平台，引导和支持用人企业在贫困地区建立劳务培训基地，开展好订单定向培训，建立和完善输出地与输入地劳务对接机制。鼓励地方对跨省务工的农村贫困人口给予交通补助。大力支持家政服务、物流配送、养老服务等产业发展，拓展贫困地区劳动力外出就业空间。加大对贫困地区农民工返乡创业政策扶持力度。对在城镇工作生活一年以上的农村贫困人口，输入地政府要承担相应的帮扶责任，并优先提供基本公共服务，促进有能力在城镇稳定就业和生活的农村贫困人口有序实现市民化。

## （七）实施易地搬迁脱贫

对居住在生存条件恶劣、生态环境脆弱、自然灾害频发等地区的农村贫困人口，加快实施易地扶贫搬迁工程。坚持群众自愿、积极稳妥的原则，因地制宜选择搬迁安置方式，合理确定住房建设标准，完善搬迁后续扶持政策，确保搬迁对象有业可就、稳定脱贫，做到搬得出、稳得住、能致富。要紧密结合推进新型城镇化，编制实施易地扶贫搬迁规划，支持有条件的地方依托小城镇、工业园区安置搬迁群众，帮助其尽快实现转移就业，享有与当地群众同等的基本公共服务。加大中央预算内投资和地方各级政府投入力度，创新投融资机制，拓宽资金来源渠道，提高补助标准。积极整合交通建设、农田水利、土地整治、地质灾害防治、林业生态等支农资金和社会资金，支持安置区配套公共设施建设和迁出区生态修复。利用城乡建设用地增减挂钩政策支持易地扶贫搬迁。为符合条件的搬迁户提供建房、生产、创业贴息贷款支持。支持搬迁安置点发展物业经济，增加搬迁户财产性收入。探索利用农民进城落户后自愿有偿退出的农村空置房屋和土地安置易地搬迁农户。

### （八）结合生态保护脱贫

国家实施的退耕还林还草、天然林保护、防护林建设、石漠化治理、防沙治沙、湿地保护与恢复、坡耕地综合整治、退牧还草、水生态治理等重大生态工程，在项目和资金安排上进一步向贫困地区倾斜，提高贫困人口参与度和受益水平。加大贫困地区生态保护修复力度，增加重点生态功能区转移支付。结合建立国家公园体制，创新生态资金使用方式，利用生态补偿和生态保护工程资金使当地有劳动能力的部分贫困人口转为护林员等生态保护人员。合理调整贫困地区基本农田保有指标，加大贫困地区新一轮退耕还林还草力度。开展贫困地区生态综合补偿试点，健全公益林补偿标准动态调整机制，完善草原生态保护补助奖励政策，推动地区间建立横向生态补偿制度。

### （九）着力加强教育脱贫

加快实施教育扶贫工程，让贫困家庭子女都能接受公平有质量的教育，阻断贫困代际传递。国家教育经费向贫困地区、基础教育倾斜。健全学前教育资助制度，帮助农村贫困家庭幼儿接受学前教育。稳步推进贫困地区农村义务教育阶段学生营养改善计划。加大对乡村教师队伍建设的支持力度，特岗计划、国培计划向贫困地区基层倾斜，为贫困地区乡村学校定向培养留得下、稳得住的一专多能教师，制定符合基层实际的教师招聘引进办法，建立省级统筹乡村教师补充机制，推动城乡教师合理流动和对口支援。全面落实连片特困地区乡村教师生活补助政策，建立乡村教师荣誉制度。合理布局贫困地区农村中小学校，改善基本办学条件，加快标准化建设，加强寄宿制学校建设，提高义务教育巩固率。普及高中阶段教育，率先从建档立卡的家庭经济困难学生实施普通高中免除学杂费、中等职业教育免除学杂费，让未升入普通高中的初中毕业生都能接受中等职业教育。加强有专业特色并适应市场需求的中等职业学校建设，提高中等职业教育国家助学金资助标准。努力办好贫困地区特殊教育和远程教育。建立保障农村和贫困地区学生上重点高校的长效机制，加大对贫困家庭大学生的救助力度。对贫困家庭离校未就业的高校毕业生提供就业支持。实施教育扶贫结对帮扶行动计划。

## （十）开展医疗保险和医疗救助脱贫

实施健康扶贫工程，保障贫困人口享有基本医疗卫生服务，努力防止因病致贫、因病返贫。对贫困人口参加新型农村合作医疗个人缴费部分由财政给予补贴。新型农村合作医疗和大病保险制度对贫困人口实行政策倾斜，门诊统筹率先覆盖所有贫困地区，降低贫困人口大病费用实际支出，对新型农村合作医疗和大病保险支付后自负费用仍有困难的，加大医疗救助、临时救助、慈善救助等帮扶力度，将贫困人口全部纳入重特大疾病救助范围，使贫困人口大病医治得到有效保障。加大农村贫困残疾人康复服务和医疗救助力度，扩大纳入基本医疗保险范围的残疾人医疗康复项目。建立贫困人口健康卡。对贫困人口大病实行分类救治和先诊疗后付费的结算机制。建立全国三级医院（含军队和武警部队医院）与连片特困地区县和国家扶贫开发工作重点县县级医院稳定持续的一对一帮扶关系。完成贫困地区县乡村三级医疗卫生服务网络标准化建设，积极促进远程医疗诊治和保健咨询服务向贫困地区延伸。为贫困地区县乡医疗卫生机构订单定向免费培养医学类本专科学生，支持贫困地区实施全科医生和专科医生特设岗位计划，制定符合基层实际的人才招聘引进办法。支持和引导符合条件的贫困地区乡村医生按规定参加城镇职工基本养老保险。采取针对性措施，加强贫困地区传染病、地方病、慢性病等防治工作。全面实施贫困地区儿童营养改善、新生儿疾病免费筛查、妇女“两癌”免费筛查、孕前优生健康免费检查等重大公共卫生项目。加强贫困地区计划生育服务管理工作。

## （十一）实行农村最低生活保障制度兜底脱贫

完善农村最低生活保障制度，对无法依靠产业扶持和就业帮助脱贫的家庭实行政策性保障兜底。加大农村低保省级统筹力度，低保标准较低的地区要逐步达到国家扶贫标准。尽快制定农村最低生活保障制度与扶贫开发政策有效衔接的实施方案。进一步加强农村低保申请家庭经济状况核查工作，将所有符合条件的贫困家庭纳入低保范围，做到应保尽保。加大临时救助制度在贫困地区落实力度。提高农村特困人员供养水平，改善供养条件。抓紧建立农村低保和扶贫开发的数据互通、资源共享信息平台，实现动态监测管理、工作机制有效衔接。加快完善城乡居民基本养老保险制度，适时提高基础养老金标准，引导农村贫困人口积极参保续保，逐步提高保障水平。有条件、有需求地区可以实施“以粮济贫”。

### （十二）探索资产收益扶贫

在不改变用途的情况下，财政专项扶贫资金和其他涉农资金投入设施农业、养殖、光伏、水电、乡村旅游等项目形成的资产，具备条件的可折股量化给贫困村和贫困户，尤其是丧失劳动能力的贫困户。资产可由村集体、合作社或其他经营主体统一经营。要强化监督管理，明确资产运营方对财政资金形成资产的保值增值责任，建立健全收益分配机制，确保资产收益及时回馈持股贫困户。支持农民合作社和其他经营主体通过土地托管、牲畜托养和吸收农民土地经营权入股等方式，带动贫困户增收。贫困地区水电、矿产等资源开发，赋予土地被占用的村集体股权，让贫困人口分享资源开发收益。

### （十三）健全留守儿童、留守妇女、留守老人和残疾人关爱服务体系

对农村“三留守”人员和残疾人进行全面摸底排查，建立详实完备、动态更新的信息管理系统。加强儿童福利院、救助保护机构、特困人员供养机构、残疾人康复托养机构、社区儿童之家等服务设施和队伍建设，不断提高管理服务水平。建立家庭、学校、基层组织、政府和社会力量相衔接的留守儿童关爱服务网络。加强对未成年人的监护。健全孤儿、事实无人抚养儿童、低收入家庭重病重残等困境儿童的福利保障体系。健全发现报告、应急处置、帮扶干预机制，帮助特殊贫困家庭解决实际困难。加大贫困残疾人康复工程、特殊教育、技能培训、托养服务实施力度。针对残疾人的特殊困难，全面建立困难残疾人生活补贴和重度残疾人护理补贴制度。对低保家庭中的老年人、未成年人、重度残疾人等重点救助对象，提高救助水平，确保基本生活。引导和鼓励社会力量参与特殊群体关爱服务工作。

## 四、加强贫困地区基础设施建设，加快破除发展瓶颈制约

### （十四）加快交通、水利、电力建设

推动国家铁路网、国家高速公路网连接贫困地区的重大交通项目建设，提高国道省道技术标准，构建贫困地区外通内联的交通运输通道。大幅度增加中央投资投入中西部地区和贫困地区的铁路、公路建设，继续实施车购税对农村公路建设的专项转移政策，提高贫困地区农村公路建设补助标准，加快完成具备条件的乡镇和建制村通硬化路的建设任务，加强农村公路安全防护和危桥改造，推动一定人口规模的自然村通公路。加强贫困地区重大水利工程、病险水

库水闸除险加固、灌区续建配套与节水改造等水利项目建设。实施农村饮水安全巩固提升工程，全面解决贫困人口饮水安全问题。小型农田水利、“五小水利”工程等建设向贫困村倾斜。对贫困地区农村公益性基础设施管理养护给予支持。加大对贫困地区抗旱水源建设、中小河流治理、水土流失综合治理力度。加强山洪和地质灾害防治体系建设。大力扶持贫困地区农村水电开发。加强贫困地区农村气象为农服务体系和灾害防御体系建设。加快推进贫困地区农网改造升级，全面提升农网供电能力和供电质量，制定贫困村通动力电规划，提升贫困地区电力普遍服务水平。增加贫困地区年度发电指标。提高贫困地区水电工程留存电量比例。加快推进光伏扶贫工程，支持光伏发电设施接入电网运行，发展光伏农业。

## （十五）加大“互联网+”扶贫力度

完善电信普遍服务补偿机制，加快推进宽带网络覆盖贫困村。实施电商扶贫工程。加快贫困地区物流配送体系建设，支持邮政、供销合作等系统在贫困乡村建立服务网点。支持电商企业拓展农村业务，加强贫困地区农产品网上销售平台建设。加强贫困地区农村电商人才培训。对贫困家庭开设网店给予网络资费补助、小额信贷等支持。开展互联网为农便民服务，提升贫困地区农村互联网金融服务水平，扩大信息进村入户覆盖面。

## （十六）加快农村危房改造和人居环境整治

加快推进贫困地区农村危房改造，统筹开展农房抗震改造，把建档立卡贫困户放在优先位置，提高补助标准，探索采用贷款贴息、建设集体公租房等多种方式，切实保障贫困户基本住房安全。加大贫困村生活垃圾处理、污水治理、改厕和村庄绿化美化力度。加大贫困地区传统村落保护力度。继续推进贫困地区农村环境连片整治。加大贫困地区以工代赈投入力度，支持农村山水田林路建设和小流域综合治理。财政支持的微小型建设项目，涉及贫困村的，允许按照一事一议方式直接委托村级组织自建自管。以整村推进为平台，加快改善贫困村生产生活条件，扎实推进美丽宜居乡村建设。

## （十七）重点支持革命老区、民族地区、边疆地区、连片特困地区脱贫攻坚

出台加大脱贫攻坚力度支持革命老区开发建设指导意见，加快实施重点贫困革命老区振兴发展规划，扩大革命老区财政转移支付规模。加快推进民族地区重大基础设施项目和民生工程建设，实施少数民族特困地区和特困群体综合扶贫工程，出台人口较少民族整体脱贫的特殊政策措施。改善边疆民族地区义

务教育阶段基本办学条件，建立健全双语教学体系，加大教育对口支援力度，积极发展符合民族地区实际的职业教育，加强民族地区师资培训。加强少数民族特色村镇保护与发展。大力推进兴边富民行动，加大边境地区转移支付力度，完善边民补贴机制，充分考虑边境地区特殊需要，集中改善边民生产生活条件，扶持发展边境贸易和特色经济，使边民能够安心生产生活、安心守边固边。完善片区联系协调机制，加快实施集中连片特殊困难地区区域发展与脱贫攻坚规划。加大中央投入力度，采取特殊扶持政策，推进西藏、四省藏区和新疆南疆四地州脱贫攻坚。

## 五、强化政策保障，健全脱贫攻坚支撑体系

### （十八）加大财政扶贫投入力度

发挥政府投入在扶贫开发中的主体和主导作用，积极开辟扶贫开发新的资金渠道，确保政府扶贫投入力度与脱贫攻坚任务相适应。中央财政继续加大对贫困地区的转移支付力度，中央财政专项扶贫资金规模实现较大幅度增长，一般性转移支付资金、各类涉及民生的专项转移支付资金和中央预算内投资进一步向贫困地区和贫困人口倾斜。加大中央集中彩票公益金对扶贫的支持力度。农业综合开发、农村综合改革转移支付等涉农资金要明确一定比例用于贫困村。各部门安排的各项惠民政策、项目和工程，要最大限度地向贫困地区、贫困村、贫困人口倾斜。各省（自治区、直辖市）要根据本地脱贫攻坚需要，积极调整省级财政支出结构，切实加大扶贫资金投入。从2016年起通过扩大中央和地方财政支出规模，增加对贫困地区水电路气网等基础设施建设和提高基本公共服务水平的投入。建立健全脱贫攻坚多规划衔接、多部门协调长效机制，整合目标相近、方向类同的涉农资金。按照权责一致原则，支持连片特困地区县和国家扶贫开发工作重点县围绕本县突出问题，以扶贫规划为引领，以重点扶贫项目为平台，把专项扶贫资金、相关涉农资金和社会帮扶资金捆绑集中使用。严格落实国家在贫困地区安排的公益性建设项目取消县级和西部连片特困地区地市级配套资金的政策，并加大中央和省级财政投资补助比重。在扶贫开发中推广政府与社会资本合作、政府购买服务等模式。加强财政监督检查和审计、稽查等工作，建立扶贫资金违规使用责任追究制度。纪检监察机关对扶贫领域虚报冒领、截留私分、贪污挪用、挥霍浪费等违法违规问题，坚决从严惩处。推进扶贫开发领域反腐倡廉建设，集中整治和加强预防扶贫领域职务犯罪工作。贫困地区要建立扶贫公告公示制度，强化社会监督，保障资金在阳光下运行。

## （十九）加大金融扶贫力度

鼓励和引导商业性、政策性、开发性、合作性等各类金融机构加大对扶贫开发的金融支持。运用多种货币政策工具，向金融机构提供长期、低成本的资金，用于支持扶贫开发。设立扶贫再贷款，实行比支农再贷款更优惠的利率，重点支持贫困地区发展特色产业和贫困人口就业创业。运用适当的政策安排，动用财政贴息资金及部分金融机构的富余资金，对接政策性、开发性金融机构的资金需求，拓宽扶贫资金来源渠道。由国家开发银行和中国农业发展银行发行政策性金融债，按照微利或保本的原则发放长期贷款，中央财政给予90%的贷款贴息，专项用于易地扶贫搬迁。国家开发银行、中国农业发展银行分别设立“扶贫金融事业部”，依法享受税收优惠。中国农业银行、邮政储蓄银行、农村信用社等金融机构要延伸服务网络，创新金融产品，增加贫困地区信贷投放。对有稳定还款来源的扶贫项目，允许采用过桥贷款方式，撬动信贷资金投入。按照省（自治区、直辖市）负总责的要求，建立和完善省级扶贫开发投融资主体。支持农村信用社、村镇银行等金融机构为贫困户提供免抵押、免担保扶贫小额信贷，由财政按基础利率贴息。加大创业担保贷款、助学贷款、妇女小额贷款、康复扶贫贷款实施力度。优先支持在贫困地区设立村镇银行、小额贷款公司等机构。支持贫困地区培育发展农民资金互助组织，开展农民合作社信用合作试点。支持贫困地区设立扶贫贷款风险补偿基金。支持贫困地区设立政府出资的融资担保机构，重点开展扶贫担保业务。积极发展扶贫小额贷款保证保险，对贫困户保证保险保费予以补助。扩大农业保险覆盖面，通过中央财政以奖代补等支持贫困地区特色农产品保险发展。加强贫困地区金融服务基础设施建设，优化金融生态环境。支持贫困地区开展特色农产品价格保险，有条件的地方可给予一定保费补贴。有效拓展贫困地区抵押物担保范围。

## （二十）完善扶贫开发用地政策

支持贫困地区根据第二次全国土地调查及最新年度变更调查成果，调整完善土地利用总体规划。新增建设用地计划指标优先保障扶贫开发用地需要，专项安排国家扶贫开发工作重点县年度新增建设用地计划指标。中央和省级在安排土地整治工程和项目、分配下达高标准基本农田建设计划和补助资金时，要向贫困地区倾斜。在连片特困地区和国家扶贫开发工作重点县开展易地扶贫搬迁，允许将城乡建设用地增减挂钩指标在省域范围内使用。在有条件的贫困地区，优先安排国土资源管理制度改革试点，支持开展历史遗留工矿废弃地复垦利用、城镇低效用地再开发和低丘缓坡荒滩等未利用地开发利用试点。

### （二十一）发挥科技、人才支撑作用

加大科技扶贫力度，解决贫困地区特色产业发展和生态建设中的关键技术问题。加大技术创新引导专项（基金）对科技扶贫的支持，加快先进适用技术成果在贫困地区的转化。深入推行科技特派员制度，支持科技特派员开展创业式扶贫服务。强化贫困地区基层农技推广体系建设，加强新型职业农民培训。加大政策激励力度，鼓励各类人才扎根贫困地区基层建功立业，对表现优秀的人员在职称评聘等方面给予倾斜。大力实施边远贫困地区、边疆民族地区和革命老区人才支持计划，贫困地区本土人才培养计划。积极推进贫困村创业致富带头人培训工程。

## 六、广泛动员全社会力量，合力推进脱贫攻坚

### （二十二）健全东西部扶贫协作机制

加大东西部扶贫协作力度，建立精准对接机制，使帮扶资金主要用于贫困村、贫困户。东部地区要根据财力增长情况，逐步增加对口帮扶财政投入，并列入年度预算。强化以企业合作为载体的扶贫协作，鼓励东西部按照当地主体功能定位共建产业园区，推动东部人才、资金、技术向贫困地区流动。启动实施经济强县（市）与国家扶贫开发工作重点县“携手奔小康”行动，东部各省（直辖市）在努力做好本区域内扶贫开发工作的同时，更多发挥县（市）作用，与扶贫协作省份的国家扶贫开发工作重点县开展结对帮扶。建立东西部扶贫协作考核评价机制。

### （二十三）健全定点扶贫机制

进一步加强和改进定点扶贫工作，建立考核评价机制，确保各单位落实扶贫责任。深入推进中央企业定点帮扶贫困革命老区县“百县万村”活动。完善定点扶贫牵头联系机制，各牵头部门要按照分工督促指导各单位做好定点扶贫工作。

### （二十四）健全社会力量参与机制

鼓励支持民营企业、社会组织、个人参与扶贫开发，实现社会帮扶资源和精准扶贫有效对接。引导社会扶贫重心下移，自愿包村包户，做到贫困户都有党员干部或爱心人士结对帮扶。吸纳农村贫困人口就业的企业，按规定享受税收优惠、职业培训补贴等就业支持政策。落实企业和个人公益扶贫捐赠所得税税前扣除政策。充分发挥各民主党派、无党派人士在人才和智力扶

贫上的优势和作用。工商联系统组织民营企业开展“万企帮万村”精准扶贫行动。通过政府购买服务等方式，鼓励各类社会组织开展到村到户精准扶贫。完善扶贫龙头企业认定制度，增强企业辐射带动贫困户增收的能力。鼓励有条件的企业设立扶贫公益基金和开展扶贫公益信托。发挥好“10·17”全国扶贫日社会动员作用。实施扶贫志愿者行动计划和社会工作专业人才服务贫困地区计划。着力打造扶贫公益品牌，全面及时公开扶贫捐赠信息，提高社会扶贫公信力和美誉度。构建社会扶贫信息服务网络，探索发展公益众筹扶贫。

## 七、大力营造良好氛围，为脱贫攻坚提供强大精神动力

### （二十五）创新中国特色扶贫开发理论

深刻领会习近平总书记关于新时期扶贫开发的重要战略思想，系统总结我们党和政府领导亿万人民摆脱贫困的历史经验，提炼升华精准扶贫的实践成果，不断丰富完善中国特色扶贫开发理论，为脱贫攻坚注入强大思想动力。

### （二十六）加强贫困地区乡风文明建设

培育和践行社会主义核心价值观，大力弘扬中华民族自强不息、扶贫济困传统美德，振奋贫困地区广大干部群众精神，坚定改变贫困落后面貌的信心和决心，凝聚全党全社会扶贫开发强大合力。倡导现代文明理念和生活方式，改变落后风俗习惯，善于发挥乡规民约在扶贫济困中的积极作用，激发贫困群众奋发脱贫的热情。推动文化投入向贫困地区倾斜，集中实施一批文化惠民扶贫项目，普遍建立村级文化中心。深化贫困地区文明村镇和文明家庭创建。推动贫困地区县级公共文化体育设施达到国家标准。支持贫困地区挖掘保护和开发利用红色、民族、民间文化资源。鼓励文化单位、文艺工作者和其他社会力量为贫困地区提供文化产品和服务。

### （二十七）扎实做好脱贫攻坚宣传工作

坚持正确舆论导向，全面宣传我国扶贫事业取得的重大成就，准确解读党和政府扶贫开发的决策部署、政策举措，生动报道各地区各部门精准扶贫、精准脱贫丰富实践和先进典型。建立国家扶贫荣誉制度，表彰对扶贫开发作出杰出贡献的组织和个人。加强对外宣传，讲好减贫的中国故事，传播好减贫的中国声音，阐述好减贫的中国理念。

### （二十八）加强国际减贫领域交流合作

通过对外援助、项目合作、技术扩散、智库交流等多种形式，加强与发展中国家和国际机构在减贫领域的交流合作。积极借鉴国际先进减贫理念与经验。履行减贫国际责任，积极落实联合国2030年可持续发展议程，对全球减贫事业作出更大贡献。

## 八、切实加强党的领导，为脱贫攻坚提供坚强政治保障

### （二十九）强化脱贫攻坚领导责任制

实行中央统筹、省（自治区、直辖市）负总责、市（地）县抓落实的工作机制，坚持片区为重点、精准到村到户。党中央、国务院主要负责统筹制定扶贫开发大政方针，出台重大政策举措，规划重大工程项目。省（自治区、直辖市）党委和政府对扶贫开发工作负总责，抓好目标确定、项目下达、资金投放、组织动员、监督考核等工作。市（地）党委和政府要做好上下衔接、域内协调、督促检查工作，把精力集中在贫困县如期摘帽上。县级党委和政府承担主体责任，书记和县长是第一责任人，做好进度安排、项目落地、资金使用、人力调配、推进实施等工作。要层层签订脱贫攻坚责任书，扶贫开发任务重的省（自治区、直辖市）党政主要领导要向中央签署脱贫责任书，每年要向中央作扶贫脱贫进展情况的报告。省（自治区、直辖市）党委和政府要向市（地）、县（市）、乡镇提出要求，层层落实责任制。中央和国家机关各部门要按照部门职责落实扶贫开发责任，实现部门专项规划与脱贫攻坚规划有效衔接，充分运用行业资源做好扶贫开发工作。军队和武警部队要发挥优势，积极参与地方扶贫开发。改进县级干部选拔任用机制，统筹省（自治区、直辖市）内优秀干部，选好配强扶贫任务重的县党政主要领导，把扶贫开发工作实绩作为选拔使用干部的重要依据。脱贫攻坚期内贫困县县级领导班子要保持稳定，对表现优秀、符合条件的可以就地提级。加大选派优秀年轻干部特别是后备干部到贫困地区工作的力度，有计划地安排省部级后备干部到贫困县挂职任职，各省（自治区、直辖市）党委和政府也要选派厅局级后备干部到贫困县挂职任职。各级领导干部要自觉践行党的群众路线，切实转变作风，把严的要求、实的作风贯穿于脱贫攻坚始终。

### （三十）发挥基层党组织战斗堡垒作用

加强贫困乡镇领导班子建设，有针对性地选配政治素质高、工作能力强、

熟悉“三农”工作的干部担任贫困乡镇党政主要领导。抓好以村党组织为领导核心的村级组织配套建设，集中整顿软弱涣散村党组织，提高贫困村党组织的创造力、凝聚力、战斗力，发挥好工会、共青团、妇联等群团组织的作用。选好配强村级领导班子，突出抓好村党组织带头人队伍建设，充分发挥党员先锋模范作用。完善村级组织运转经费保障机制，将村干部报酬、村办公经费和其他必要支出作为保障重点。注重选派思想好、作风正、能力强的优秀年轻干部到贫困地区驻村，选聘高校毕业生到贫困村工作。根据贫困村的实际需求，精准选配第一书记，精准选派驻村工作队，提高县以上机关派出干部比例。加大驻村干部考核力度，不稳定脱贫不撤队伍。对在基层一线干出成绩、群众欢迎的驻村干部，要重点培养使用。加快推进贫困村村务监督委员会建设，继续落实好“四议两公开”、村务联席会等制度，健全党组织领导的村民自治机制。在有实际需要的地区，探索在村民小组或自然村开展村民自治，通过议事协商，组织群众自觉广泛参与扶贫开发。

## （三十一）严格扶贫考核督查问责

抓紧出台中央对省（自治区、直辖市）党委和政府扶贫开发工作成效考核办法。建立年度扶贫开发工作逐级督查制度，选择重点部门、重点地区进行联合督查，对落实不力的部门和地区，国务院扶贫开发领导小组要向党中央、国务院报告并提出责任追究建议，对未完成年度减贫任务的省份要对党政主要领导进行约谈。各省（自治区、直辖市）党委和政府要加快出台对贫困县扶贫绩效考核办法，大幅度提高减贫指标在贫困县经济社会发展实绩考核指标中的权重，建立扶贫工作责任清单。加快落实对限制开发区域和生态脆弱的贫困县取消地区生产总值考核的要求。落实贫困县约束机制，严禁铺张浪费，厉行勤俭节约，严格控制“三公”经费，坚决刹住穷县“富衙”“戴帽”炫富之风，杜绝不切实际的形象工程。建立重大涉贫事件的处置、反馈机制，在处置典型事件中发现问题，不断提高扶贫工作水平。加强农村贫困统计监测体系建设，提高监测能力和数据质量，实现数据共享。

## （三十二）加强扶贫开发队伍建设

稳定和强化各级扶贫开发领导小组和工作机构。扶贫开发任务重的省（自治区、直辖市）、市（地）、县（市）扶贫开发领导小组组长由党政主要负责同志担任，强化各级扶贫开发领导小组决策部署、统筹协调、督促落实、检查考核的职能。加强与精准扶贫工作要求相适应的扶贫开发队伍和机构建设，完善各级扶贫开发机构的设置和职能，充实配强各级扶贫开发工作力度。扶贫任务重的乡镇要有专门干部负责扶贫开发工作。加强贫困地区县级领导干部和扶贫干部思想作风建设，加大培训力度，全面提升扶贫干部队伍能力水平。

### （三十三）推进扶贫开发法治建设

各级党委和政府要切实履行责任，善于运用法治思维和法治方式推进扶贫开发工作，在规划编制、项目安排、资金使用、监督管理等方面，提高规范化、制度化、法治化水平。强化贫困地区社会治安防控体系建设和基层执法队伍建设。健全贫困地区公共法律服务制度，切实保障贫困人口合法权益。完善扶贫开发法律法规，抓紧制定扶贫开发条例。

让我们更加紧密地团结在以习近平同志为核心的党中央周围，凝心聚力，精准发力，苦干实干，坚决打赢脱贫攻坚战，为全面建成小康社会、实现中华民族伟大复兴的中国梦而努力奋斗。

# 第一章　精准扶贫、精准脱贫与全面建成小康社会

中共中央国务院在2015年11月作出的《关于打赢脱贫攻坚战的决定》中提出：到2020要实现几个总体目标：①稳定实现农村贫困人口不愁吃不愁穿，义务教育及基本医疗和住房安全有保障；②实现贫困地区农民人均可支配收入增长幅度高于全国平均水平，基本公共服务主要领域指标接近全国平均水平；③确保我国现行标准下农村贫困人口实现脱贫，贫困县全部摘帽，解决区域性整体贫困。我们要坚持党的领导、坚持精准扶贫、坚持政府主导，群众合力，打赢脱贫攻坚战，确保在2020年实现总体目标，全社会人口一道迈入全面小康社会。

## 第一节　消除绝对贫困是全面建成小康社会的基本标志

消除贫困、改善民生、逐步实现共同富裕是社会主义的本质要求，也是中国共产党的重要使命。从我国改革开放以来，党和国家实施了大规模的扶贫开发，使7亿农村贫困人口脱离贫困，在人类反贫困史添上了浓墨重彩的一笔。党的十八大以来，以习近平同志为核心的党中央把脱贫攻坚摆在治国理政极端重要的位置。2013年11月，习近平在湖南湘西考察时首次提出精准扶贫重要思想，2015年多次发表重要讲话，系统阐述精准扶贫方略，并在2015年11月的中央扶贫工作会议上确定打赢脱贫攻坚战的基本方略：精准扶贫、精准脱贫。从政治、全局、战略高度看待和重视扶贫工作，将扶贫开发作为第一个百年奋斗目标的重点工作、“十三五”” 时期重大而紧迫的战略任务，并全面系统地阐述了扶贫开发工作在“四个全面”战略布局和“五位一体”总体布局中的重要地位和作用。大力实施精准扶贫，不断开拓具有中国特色的扶贫开发道

路，不断开创扶贫开发事业的新局面，体现了中央领导集体对于实现第一个百年奋斗目标的信心和决心。

习近平总书记多次指出："贫穷不是社会主义，如果贫困地区长期贫困，面貌长期得不到改变，群众生活长期得不到明显提高，那就没有体现我国社会主义制度的优越性，那也不是社会主义"。决战决胜的脱贫攻坚战也体现了中国特色社会主义制度的优越性。

## 一、打赢脱贫攻坚战是社会主义的本质要求，是全面建成小康社会的基本标志与底线目标

2017 年 2 月 21 日，习近平总书记在主持中共中央政治局第三十九次集体学习时指出，"农村贫困人口如期脱贫、贫困县全部摘帽、解决区域性整体贫困是全面建成小康社会的底线任务，我们做出的庄严承诺。"同时，《中共中央国务院关于打赢脱贫攻坚战的决定》指出，消除贫困、改善民生、逐步实现共同富裕，是社会主义的本质要求，是我们党的重要使命。

习近平总书记指出，脱贫攻坚就是底线任务，是必须完成的任务。最终能否建成符合全体人民意愿的小康社会，这取决于贫困人口能否全部脱贫。在这种情形下提出的"精准扶贫"战略，正是为了帮助解决全部贫困人口的贫困问题。目前，我国正从总体小康社会大步迈向全面小康，在这个进程中，全国各族人民都满怀憧憬和热情，热切期盼着早日实现全面建成小康社会。但我们要清楚地认识到，要早日实现这一底线目标，就需要坚定不移地走"精准扶贫"道路，必须深刻领会到脱贫攻坚是"底线任务"和"庄严承诺"的重要论述，进一步增强责任感。

为了克服以往扶贫工作中存在的效率低、粗放式扶贫、创新动力不足、片面性扶贫等问题，全面建成小康社会为我国的"精准扶贫"工作提出了四大要求：

**1. 要注意扶贫工作的时效性，要有强烈的紧迫感** 要在全面建设小康社会所提出的总体要求的基础上，制定科学的时间表和详细可行的工作步骤，让每一项扶贫工作的进度都有严格的时间限制。同时制定严格的工作考核机制，做到每一项工作都能落到实处。只有这样才能在有限的时间内完成既定目标，确保扶贫工作的质量。

**2. 要保证扶贫工作的精准性** 要实现全面小康社会就要改变以前"粗放式"的扶贫策略，对贫困户进行精准识别，采取精准帮扶措施，用最少的扶贫成本获得最大的扶贫效率。

**3. 要贯彻创新性原则，有效开展扶贫工作** 精准扶贫本身就是对传统扶

贫理念的创新，要想在短时间内实现全部贫困人口脱贫的目标，就要创新精准扶贫工作机制，在具体的工作进程中不断深入挖掘、积极探索，找到符合地方特色的精准扶贫方案。

**4. 要坚持全面性原则** 全面小康社会并不仅仅要求经济的持续健康发展，更要求政治、文化、生态等各个领域都能全面协调发展，所以在精准扶贫的过程中，不仅要提高贫困户的物质生活水平，更要提升贫困户的政治文化素质，提高当地的生态文明建设水平。

习近平总书记指出："要解决农村的扶贫现状就是不能让一个少数民族、一个地区掉队，要让13亿中国人民共享全面小康的成果"。在改革开放后，我国进行了大规模的扶贫开发工作，并取得了显著的成效，人民生活焕然一新。但我们必须深刻地认识到，我国农村还有5 500多万贫困人口，而这巨大的缺口已经成为了我国社会经济发展的突出短板。从某种程度上讲，我国的贫困问题已经成为了我国实现共同富裕、全面建设小康社会的重要阻碍。

中国共产党执政的基本理念是要让全体中国人民共享改革发展成果，要让中国人民缩小贫困差距，走向共同富裕。现阶段扶贫开发的首要任务正是消除绝对贫困，其基本目的也是要改善民生，以达到共同富裕为最终目标，这与我党的执政理念不谋而合。大力推进精准扶贫，让还处在贫困标准线以下的群众过上幸福生活，充分体现了我国社会主义制度的优越性。

习近平总书记指出，"小康不小康，关键看老乡。我们不能一边宣布我们全面建成了小康社会，另外一边还有几千万人口的生活水平处在扶贫标准线以下。这既影响人民群众对全面建成小康社会的认可度，也影响国际社会对我国全面建成小康社会的认可度"。全面建成小康社会，不仅仅是实现国内生产总值和城乡居民人均收入比2010年翻一番，跨越"中等收入陷阱"，同时要缩小收入差距，普遍提高人民生活水平和质量，城乡区域协调发展、生态文明建设、社会公平正义等取得显著进步。拿我们的现状与目标相比，要使我国现行标准下农村贫困人口实现脱贫，贫困县全部摘帽，解决区域性整体贫困是最关键的问题。脱贫攻坚是全面建成小康社会最艰巨的任务。要实现全面建成小康社会，关键就要解决农村人口贫困的问题。完成脱贫攻坚的目标，让5 500多万的农村贫困人口如期脱贫，是全面建成小康社会的底线目标、刚性目标。

习近平总书记指出："中国梦归根到底是人民的梦，必须紧紧依靠人民来实现，必须不断为人民造福"。我国人民目前的生活水平和质量、收入水平、社会保障水平等与要达到的目标相比，还存在着较大的差距，我们必须坚持打赢脱贫攻坚战，彻底落实共同富裕的理念。

## 二、打赢脱贫攻坚战是培育经济新动能的重要途径，是引领经济新常态的必然要求

当前，我国经济发展进入新常态，必须要拓展新空间，培育新动能，才能跨越“中等收入陷阱”，从而保持中高速增长，迈向中高端水平。李克强总理指出，中国经济发展具有巨大的潜力和回旋余地，由于贫困地区存在巨大潜在消费需求和亟待提高的收入水平和生活质量，所以要培育新的经济动能，其中一个重要的方面就在于贫困人口和贫困地区。打赢这场脱贫攻坚战可以从消费和投资两个方面创新经济发展点，从而推动经济健康发展。

从消费方面来看，贫困地区群众长期处于由低收入带来的低消费状态，在扶贫开发的过程中，提高贫困人口的收入水平、生活水平与质量，可以有效扩大消费需求，为产业结构升级调整获取空间。

从投资方面来看，不断加强基础设施和公共服务领域的建设，不仅能增加有效投资，还有助于消化过剩的产能。中共中央书记处书记、国务院秘书长杨晶在2016年3月国家行政学院开学典礼的讲话中提到：据测算，在各项扶贫开发的措施中，仅仅易地扶贫搬迁一项，直接投资额就达到了6 000多亿元，不仅能够形成巨大的有效投资需求，还可以扩大居民消费，形成促进经济增长的新动能，消化过剩的产能。国务院扶贫开发领导小组办公室主任刘永富在国务院新闻办举行的有关“十三五”扶贫攻坚的有关情况新闻发布会上谈到：2015年国家通过村级电站和货运系统，实现并网发电183万千瓦，投资100多亿元，带动贫困户几十万户，每户增加收入3 000元以上。

同时，贫困地区的自然资源、劳动资源都很丰富，要想促进贫困地区发展，可以借助“精准扶贫”工程，在扶贫开发的工作中找到新的增长点、增长极、增长带，从而为经济发展注入新动力。不少贫困地区都拥有得天独厚的自然条件，若能将其转化为消费产品，必将激发潜在的投资。同时，中西部拥有丰富的劳动力资源，也可以在东中西部的产业转移中最大化发挥自身优势。

## 三、打赢脱贫攻坚战是巩固党执政基础的内在要求，是实现国家长治久安的保障

贫困问题往往是社会矛盾出现的根源，也是实现共同富裕的阻碍。自中华人民共和国成立以来，党和政府始终致力于消除贫困，进行了大规模的扶贫开发，在加大对农村贫困人口的扶贫力度、完善贫困地区基本设施和公共服务、促进贫困地区经济发展等工作中都取得了让人瞩目的成绩，得到了广大人民群

众的认可和拥护。所以，只要我们党能够帮助群众们过上好日子，群众就会发自内心地拥护党，党执政的群众基础就能不断得到巩固。只有做到了为民造福，才能使我们党的执政基础坚如磐石。在2015年中央扶贫开发工作会议上，习近平总书记深刻指出："得民心者得天下。从政治上说，我们党领导人民进行了大规模的反贫困工作，巩固了执政基础，巩固了中国特色社会主义制度"。中央领导集体提出实施精准扶贫方略，真正体现了我党执政为民的决心和信心。

在人类发展的历史长河中，人民富足往往伴随着稳定，而贫穷常常会引起甚至激化社会矛盾，造成社会动荡。所以打赢脱贫攻坚战是实现国家长治久安的保障，是关系到国家稳定和社会和谐的全局性问题。一方面，目前由于发展不足产生了大量由于就业、收入分配、教育、医疗和生态、社会保障等引发的社会矛盾，因此，加快发展，尽快消除贫困是减少社会矛盾和冲突的必要措施，是保障社会和谐和人民安居乐业的基础。另一方面，贫困地区主要集中在民族问题、宗教问题、边疆安全问题错综复杂交织在一起的西部民族地区，这些问题也被国外敌对势力利用和渗透，所以，加快消除贫困，打赢脱贫攻坚战是维护民族团结、国家统一、主权和领土完整的保障。改革开放以后，党中央始终抓住发展的主题不动摇，加快发展西部，实施了西部大开发战略。"十三五"计划纲要将革命老区、边疆地区、民族地区、集中连片地区作为扶贫攻坚的重点，加大扶贫力度，增强各地区的造血能力。扶贫开发不仅要改善人民的生活水平，使人民生活水平和质量普遍提高，更要缩小收入差距，使公共服务主要领域指标达到全国的平均水平，着力提高科、教、文、卫等公共领域的服务水平，让全体人民安居乐业，社会和谐，国家长治久安。

总而言之，我们一定要从全局和战略的角度出发，深刻认识打赢脱贫攻坚战的重要意义和时间的紧迫性，要在思想和行动上与党中央高度统一，坚持科学治贫、精准扶贫、有效脱贫，决战决胜脱贫攻坚战。

## 第二节　脱贫攻坚是全面建成小康社会重大而紧迫的任务

### 一、脱贫攻坚时间紧、任务重

**1. 主要困难**　面对2020年全面建成小康社会的时间节点，脱贫攻坚存在着时间紧、任务重的严峻局面。

（1）贫困人口数量多。5年时间要实现5 575万贫困人口脱贫和832个贫困县摘帽的目标，每年要减贫 1 000 万人以上。

（2）越往后越难。经过多年努力，容易脱贫的已经解决得差不多了，剩下的大多居住在自然资源贫乏、地理位置偏远的地方，往往“无业可扶”。

（3）贫困人口发展能力弱。建档立卡贫困人口文化水平总体偏低、劳动能力不强，超过 92%的贫困人口是初中以下文化程度，42.2%的贫困人口主要是因病致贫，16.8%的家庭缺少劳动力，往往“无力脱贫”。

（4）特困问题突出。民族地区、边境地区和特困群体的贫困程度更深，减贫难度更大。

（5）易返贫。因病、因学、因婚、因房等问题返贫的情况时有发生，新的贫困人口还会出现。

**2. 需要改善的地方**　扶贫工作存在诸多需要改善的地方。

（1）精准扶贫体制机制还不健全，帮扶措施还存在“大水漫灌”或缩小版“大水漫灌”现象。

（2）扶贫开发责任还没有完全落到实处，少数地区和部门工作滞后。

（3）扶贫合力还没有形成，相关扶持政策衔接不够，社会力量没有充分动员。

（4）扶贫资金投入还不能满足需要，贫困县统筹整合资金用于脱贫攻坚的难度仍然很大。

（5）贫困地区和贫困人口主观能动性有待提高，包办代替及大包大揽的做法助长了等、靠、要的思想。

（6）因地制宜分类指导有待加强。

## 二、脱贫攻坚面临经济新常态的新形势

处在经济新常态的贫困人口，返贫压力更大。我国经济发展进入新常态，经济下行的压力加大，同时产业结构仍在调整之中，很多传统产业对于扶贫的带动效应已经减弱，但是一些新的产业还尚未成熟。对于贫困人口而言，影响最大的即是创收就业。在经济新常态的新形势中，经济下行的压力持续增大，我们要转变经济发展的方式，从规模速度型粗放增长向质量效率型集约增长转换，增长动力由要素驱动、投资驱动向创新驱动转换。经济发展方式转变向劳动力提出了更高的要求，不再是以往仅凭劳力，更多是创新方式。贫困人口中的大多数缺乏劳动技术和信息，在经济新常态的新局面中，这些贫困劳动力可能会面临失业，从而再次陷入贫困，出现返贫现象。

因此，如何在脱贫攻坚的进程中承受住经济新常态带来的压力，便成为了党和政府重点关心的问题。在此背景下，中央提出了“五个一批”扶贫措施，

为解决好“怎么扶”的问题提供了指导性依据。“五个一批”即发展生产一批、易地搬迁脱贫一批、生态补偿脱贫一批、发展教育脱贫一批、社会保障兜底一批。发展生产脱贫一批就是号召有劳动能力的人员立足于当地资源，实现就地脱贫，同时政府会加大对劳动人口的培训工作，提升他们的劳动技能。在劳务输出地和输入地建立起劳务对接机制后，来自于贫困地区的一大批接受过专门职业技能训练的贫困户能快速适应市场的需要。对于“一方水土不能养育一方人”的现状，政府可以按规划、分年度、有计划地实施搬迁工作，做到贫困人员都能搬得出、稳得住、有事做、能致富。在生态环境薄弱的地区，让有劳动能力的贫困人员通过森林护林员等职位参与到生态环境的保护中，既能保护生态环境又能促进贫困人员增收。除此之外，通过发展教育、社会保障“兜底”来帮助困难户脱贫，是党和政府在当前经济新常态的背景下，出台的符合现代精准扶贫标准的新举措。

在新的经济环境中，寻求新的发展方式。随着经济下行，地区与地区之间的发展差异会日益增大，而地方财政收入增速也会相应减少或放缓，产业结构的调整还在进行之中。面临新的经济环境，我们的扶贫开发工作不能再按照以往的常规方式按部就班地进行，应当不断创新理念、创新开发方式，探索新办法、新途径。

## 三、全国性脱贫仍是全面建成小康社会的最突出短板

让全民共享经济发展的成果是社会主义的本质要求。脱贫攻坚已经进入攻坚拔寨的冲刺时期，使现有的贫困人口尽快脱贫，加快弥补突出短板是全面建成小康社会的重中之重，是“十三五”期间的头等大事和第一民生工程，也是我们党治国理政的一项重要工作。一方面，我国目前的贫困群体数量依然很大。据统计，在“十二五”计划收官之后，我国依然有 5 500 多万贫困人口，这意味着我们要在 2020 年实现全面小康，就要每年使 1 000 万贫困人口脱贫。截至 2014 年年底，全国有 14 个集中连片特殊困难地区、592 个国家扶贫开发重点县、12.8 万个贫困村、2 948.5 万个贫困户。云贵川、河南、广西、湖南六省份贫困人口均超过 500 万；甘肃、西藏、新疆、贵州、云南五省份贫困发生率超过 15%；全国重点县和片区县的贫困发生率达到 22.1%。另一方面，脱贫攻坚时期越往后，扶贫开发工作就越难。伴随着经济环境的变化，经济发展方式的变化对扶贫开发方式提出了更高要求。同时，由于目前我们所面对的贫困户，是“硬骨头”，大多数是“困中之困”“贫中之贫”，非残即病，自身发展的能力非常弱，导致扶贫开发的难度巨大。2011—2014 年，我国的减贫幅度分别为 26.1%、19.1%、16.7%、14.9%。我们可以从数据上

看到，虽然经济社会各方面都在不断发展，但是减贫幅度在小范围下降，减贫政策的效应在相应递减，这说明现阶段经过多年扶贫攻坚的努力，能够脱贫的人口已经基本能够脱贫，剩下的贫困人口大多贫困程度深、自身发展能力弱，需要我们更多地投入以实现脱贫目标，加速弥补全面建成小康社会这一短板。

现阶段贫困地区和贫困人口的自身发展能力仍然很弱。贫困人口的致贫因素也多种多样，因病致贫普遍，因学致贫突出，缺资金、缺技术常见。贫困群众是脱贫攻坚的主体，要让他们脱贫，首先就要群众自身有高度的意识和积极性、主动性、创造性，不能有等、靠、要的懒惰思想。

## 四、脱贫攻坚中政策配套措施和管理机制体制有待完善

虽然现阶段的精准扶贫工作安排及政策大框架渐趋于完善，但是在各项政策实施之后还存在一些有待提高的方面。总体上讲，可以分为扶贫政策之间的衔接、扶贫平台与渠道建设、队伍管理三个方面。

**1. 扶贫政策尚未无缝衔接**　具体而言，危房改造、家庭经济困难资助、农村低保、医疗保险等政策之间的连接还有待改善。这些不同的政策措施，具体落实到各个相关部门时又各自有一套政策实施的规划，自建成一套体系。其中很多信息共享渠道不畅通，相互重复，又相互具有空白盲区，导致了社会保障与扶贫开发的各项措施不能高效契合。

**2. 缺少真实可信的平台和渠道**　“十三五”规划纲要要求，建立更广泛的参与机制，健全东西扶贫协作和党政机关、社会组织、部队、人民团体、国有企业扶贫的定点扶贫机制体制，支持和鼓励民营企业、社会组织、个人参与社会扶贫。正确及时地引导社会扶贫，实现社会帮扶资源和精准扶贫有效对接。近几年，出现了许多希望能够扶贫济困的社会力量，但是由于我国现阶段大多数社会捐资的平台和渠道缺乏管理经验，甚至个别社会捐资平台失信于大众，导致这些有能力、有愿望参与扶贫的企业和个人无法动用自身的力量去帮助贫困群众，没能很好地形成扶贫开发的社会合力。

**3. 组织队伍管理制度有待优化，扶贫工作各项监察制度有待强化**　于管理体制而言，各级扶贫部门分工常有权责不明晰、边界不明确等问题，最后导致监察制度无法到位，责任无法完整追究，因此，落实扶贫工作管理机制中的责任机制显得尤为重要。同时，很多偏远贫困地区的政绩考核依然偏重于地区生产总值，政策的实施还是缺乏精准性、连续性、全面性。一些实际的工作还在使用“大水漫灌”的方式，很多基层干部尚未真正认识到精准扶贫、精准脱

贫的概念和方式。在基层组织队伍建设方面，我们必须要强化干部对精准扶贫、精准脱贫的认识，全面强化脱贫的责任制度监察考核。

## 第三节 精准脱贫是实现全面小康的基本方略

自改革开放以来，党和国家实施大规模扶贫开发，使7亿农村贫困人口摆脱贫困，取得了举世瞩目的伟大成就，谱写了人类反贫困历史上的辉煌篇章。党的十八大以来，我们把扶贫开发工作摆在更加突出的位置，实施精准扶贫，开创了扶贫开发事业的新局面。扶贫开发事关全面建成小康社会，事关增进人民福祉，事关巩固党的执政基础，事关国家长治久安。各级党委和政府必须把扶贫开发工作作为重大政治任务来抓，切实增强责任感、使命感、紧迫感，到2020年确保我国现行标准下的农村贫困人口实现脱贫，贫困县全部摘帽，解决区域性整体贫困。要全面贯彻落实党的十八大、十九大和十八届三中、四中全会、五中全会精神，高擎习近平新时代中国特色社会主义旗帜，以邓小平理论、“三个代表”重要思想、科学发展观为指导，深入学习贯彻习近平总书记系列重要讲话精神，按照协调推进“四个全面”战略布局的要求，贯彻落实创新、协调、绿色、开放、共享的发展理念，充分发挥政治优势和制度优势，把精准扶贫、精准脱贫作为基本方略，坚持扶贫开发和经济社会发展相互促进，坚持精准帮扶和集中连片特殊困难地区开发紧密结合，坚持扶贫开发和生态保护并重，坚持扶贫开发和社会保障有效衔接，咬定青山不放松，采取超常规举措，拿出过硬办法，举全党全社会之力，坚决打赢脱贫攻坚战。

### 一、坚持精准扶贫、精准脱贫基本方略是提高扶贫成效的必然要求

精准扶贫、精准脱贫是新时期脱贫攻坚必须实施的基本方略，《中华人民共和国国民经济和社会发展第十三个五年规划纲要》提出，切实做到精准扶贫。各地都要在扶持对象精准、项目安排精准、资金使用精准、措施到户精准、因村派人（第一书记）精准、脱贫成效精准上想办法、出实招、见真效。要坚持因人因地施策，因贫困原因施策，因贫困类型施策，区别不同情况，做到对症下药、精准滴灌、靶向治疗，不搞“大水漫灌”、走马观花、大而化之。扶贫开发贵在精准，重在精准，成败之举在于精准。要切实转变观念，将扶贫的思路和举措转到精准帮扶上，瞄准建档立卡贫困人口，重点解决好不愁吃、

不愁穿和义务教育、基本医疗、住房安全有保障问题。要精准施策，逐村逐户想办法、找路子，把扶贫资源和帮扶措施精准落到贫困村、贫困户，精准提高扶贫成效。

## 二、精准扶贫是扶贫机制的核心，是提高政策针对性的必然要求

精准扶贫机制是在保持扶贫大方针的基础上，不断积极探索贫困对象的建档立卡工作，并在此基础上全面推行精准扶贫长效机制。对贫困地区和贫困人口既全面扶持又因户施策，提高扶贫政策的针对性。在突出精准扶贫到村到户的基础上，将贫困地区扶持与到村到户相结合，统筹扶贫片区规划，通过区域发展改善发展条件和环境。实施精准扶贫是贯彻落实新一届中央领导集体对扶贫开发新思想、新战略、新部署的必然要求，是科学扶贫的重要基础，是实现真扶贫、扶真贫的有效途径。实施精准扶贫是完善扶贫开发治理体系的迫切需要，是加强扶贫开发治理能力建设的必然要求。消除贫困是实现“全面小康”的重要前提，实现共同富裕是社会主义制度的本质要求。精准扶贫要求扶贫开发治理体系要以促进社会公平正义、增进贫困人口福祉为出发点和落脚点，促进公平社会环境的营造，保证贫困人口平等参与、平等发展的权利。

## 三、实施精准扶贫是我国现阶段扶贫开发转型的需要

2013年进入的经济新常态给整个经济运行体系和状态带来重大变化，也给扶贫开发带来了新挑战和新考验。经济增长速度放缓将会相应地降低减贫效应，给每年减贫1 000万的任务带来新难度。新常态预示着扶贫开发和减贫的动力机制发生新变化，与此同时，新常态使减贫脱贫的路径和方式发生新变化，不仅使农户的收入来源发生变化，也使得贫困地区农民就业方式发生新变化，新常态可能还会带来扶贫脱贫资金的新压力。实施精准扶贫是适应贫困人口特征变化的需要，也是扶贫开发机制创新的重要内容。农村城镇化、农业工业化发展、农村空心化以及老龄化导致了农村扶贫脱贫的艰难性，只有精准扶贫，精准脱贫才能获得真正的效果。

# 第二章　中国扶贫开发事业的发展历程与成效

我国的扶贫开发事业经历了十分漫长的过程，也取得了许多令国内外瞩目的成绩。就时间点划分，我国扶贫开发的发展历程可分为四个阶段：第一个阶段是1949—1977年计划经济体制之下的广义扶贫期；第二个阶段是1978—1985年计划经济体制改革引发的大规模减贫期；第三个阶段是1986—2011年有组织、有计划的区域扶贫开发期；第四个阶段是2012年至今到户到人的精准扶贫精准脱贫攻坚期。中国共产党自成立以来，就将人民群众的利益放在首位，以全心全意为人民服务为根本宗旨，以执政为民为基本原则，将消除贫困、改善民生、提高群众生活水平、逐步实现共同富裕作为执政立党的第一件大事。我们党在革命时期努力推翻了“三座大山”，彻底根除了导致我国群众贫困落后的土地制度。中华人民共和国成立以后，党和政府为根除贫困、实现共同富裕、改善民生与国家面貌做出了不懈的努力，并在这些年间取得了十分瞩目的成绩。

## 第一节　计划经济体制下的广义扶贫期（1949—1977年）

中华人民共和国成立之初，由于常年战乱的影响，中国可以说得上是世界上最穷的几个国家之一。根据联合国的历史统计资料显示，1949年中国人均国民收入仅为27美元，而整个亚洲的平均国民收入水平是44美元，中国当时的收入水平仅相近整个亚洲平均水平的二分之一。“贫穷落后”可以非常贴切地形容在1949年刚成立的中华人民共和国。可以确定的是，中华人民共和国成立初期，大多数的中国人处于绝对贫困的境况，要快速扭转这样的局面，改变贫困落后的经济状况，必须要得到政府政策的支持以及政府的干预措施。于是，中国政府在成立之初决定实施计划经济体制，开始了扶贫开发的漫漫征途，踏上了为实现共同富裕而不断奋斗的道路。

从20世纪50年代初到1977年年底，这一阶段是我国历史上第一次大规模贫困得到缓解的历史性时期。土地政策的改革，各项惠民惠农经济政策、社会保障政策的实施，使我国的生产力在此阶段得到了较快发展，国民收入得以增加，贫困群众的生活、福利水平和质量得到了较大幅度的提高，公共服务和基础设施建设也得到了强化。

在农村，中央政府于1950年开始在全国新解放区进行土地改革，封建地主阶级在这一阶段被彻底消灭，在中国延续了两千多年的封建土地所有制也被彻底废除，为消除贫困奠定了坚实的土地制度基础。由于农民能够再次获得土地，生产积极性大幅度提高，长期被封建土地制度所束缚的生产力得到了前所未有的大解放。历史资料显示，截止到1952年年底，共约有3亿少地或无地的中国农民分得了约7亿亩的土地。20世纪50年代，为了进一步提高生产力，中国政府开始实施人民公社运动和农村合作化运动。1953年年底，毛泽东同志向全党提出要求："我们要使农民能够逐步完全摆脱贫困的状况，从而让他们取得共同富裕和普遍繁荣的生活。"在这次关于发展农业生产合作社的决议中，毛泽东同志提出了共同富裕的思想，更提出了要带领中国全体农民迈向共同富裕的思想。他认为，农民要走向富裕，仅仅有田地是不够的，生产效率依然较低，所以必须要进行农业生产合作化，要走社会主义的道路。由于农民占据了我国人口总数的绝大多数，因此毛泽东同志提出的共同富裕主要是针对农民而言的，他认为，只要中国的农民能够解决贫困问题、走向富裕，那么中国人民共同富裕的问题就可以得到很大程度上的解决。1956年，我国完成了社会主义革命，基本建立了社会主义根本制度。同时，以毛泽东同志为领导的党中央指出，全国大多数的农民要摆脱贫困、改善生活。于是，在政策的号召下，大多数农民走向了农业合作化道路。1957年年底至1958年年初，为了让农村合作社进一步的发展，实施了小社合并大社的措施，人民公社建立。在这一阶段，为了大力发展农村生产力，促进农业经济的发展，全国开始兴修水利工程，公共服务与社会保障领域得到了一系列的提高，我国也是在这一阶段初步建立了农村的社会保障制度和社会救助制度。例如，农村基本卫生医疗事业发展迅速，卫生所的大量建设，免费教育和乡村合作医疗、赤脚医生、社区"五保"等政策的实施，为农村处于绝对贫困、无法通过自身发展能力解决温饱问题的贫困人口提供了基本的保障措施。1952—1958年，在农业方面，农、林、牧、渔业总产值指数呈现出连续上升的趋势。有历史资料显示，人均粮食占有量由1952年的288千克增加到306千克；在教育方面，成人文盲率下降了50%；在人民生活方面，这一阶段的群众预期寿命提高了50%。广义扶贫开发期，是我国具有历史性的一次大规模减贫时期，我国的贫困问题得到了一定程度的缓解。

在城市，中国政府根据该阶段制定的国民经济发展战略提出要在城市优先发展重工业。在此阶段，通过产业与生产力的发展，生产效率得以提高，在城市之中逐步建立了比较完整的工业体系和国民经济体系。同时，为了保障城市居民的生活水平，以企事业单位为依托建立起了一系列比较完善的社会保障措施，例如，医疗、住房、生育、工伤保险、退休等福利待遇，充分体现了我国社会主义制度的优越性。

通过在城市和农村两个方面各项政策的实施与不断改革，我国的生产力与经济都得到了较大的发展．但是由于“大跃进”“文化大革命”等重大失误和计划经济体制本身固有的弊端，农村和城市群众生活水平仍然普遍低下。据历史资料显示，直到1978年，我国农村还约有2.5亿的贫困人口，大约占当时我国农村总人口的30.7%。解决贫困问题，实现共同富裕，从各种数据和社会现象来看，我们的扶贫开发仍然还有很长的路要走。

## 第二节　计划经济体制改革引发的大规模减贫期（1978—1985年）

1978—1985年主要为体制改革推动扶贫阶段。这一时期以家庭联产承包责任制、农产品价格、农村商品经济等农村经济体制的深刻变革，促使农村经济取得了超常规增长，最终导致贫困人口急剧减少。土地革命的开展，封建土地制度的彻底废除，让农民获得了土地，大大解放了农村的生产力，使得农村的大面积贫困问题得到了有效缓解。我们已经深刻地认识到了发展生产力的重要性，而经济改革可以大大促进生产力发展，从而解决贫困问题。1978年，我国开始由计划经济体制转向市场经济体制。邓小平同志在改革时期明确指出：“社会主义的本质是解放生产力，发展生产力，消灭剥削，消灭两极分化，最终达到共同富裕。”1978年起，我们开始实施对外开放的政策，大力促进生产力发展，从根本上改变了对贫困现象的认识。

在农村，首先进行了制度的变革。由于人民公社化制度的农业经营体制并不适应当时的生产力发展需要，使得农民生产的积极性大大降低，造成了大面积贫困的发生。人民公社化制度必须通过变革以激发农民生产的积极性、释放生产力。这时，家庭联产承包责任制在安徽省的凤阳首次出现，在经历了多次实验之后，中国政府使用家庭联产承包责任制代替了当时的人民公社化制度，使得农民再一次获得了土地的经营权，由此进一步激励了农民提高生产效率。

同时，分配原则由“平均主义”转变为“交足国家的，留足集体的，剩下的全是自己的”，进一步解决了积极性的问题。为了使农民增收，政府主要采用了两种方式：

（1）放开了所有有关农产品价格和城乡农产品交易，尽可能为农民拓宽农产品的交易渠道。同时，农产品价格形成和流通体制的市场化改革也开始在全国范围内实行，政府对 18 种主要农产品的收购价格进行了调整，在改革范围内的农产品价格平均提高了近五分之一。

（2）为农民创造就业机会。使用所有制改革和人口管理放松为农民提供了更多的就业岗位。由于这一系列市场化的改革以及人口流动政策的调整，一部分农村的富余劳动力开始转向非农产业，使得乡镇企业蓬勃生长，同时促进了农村经济的发展。

值得一提的是，为消除贫困、促进特殊贫困地区经济发展，政府开始设立各种专项资金进行扶贫开发。1980 年，中央政府已经开始在老革命根据地、少数民族地区、边远地区等特殊贫困地区设立了专项的扶贫资金。1982 年，为甘肃省定西地区、河西地区和宁夏海固地区的发展专门进行了“三西”扶贫开发建设；1984 年开始实施以工代赈，以支持贫困地区基础设施的建设；1984 年，中共中央、国务院发布了《关于帮助贫困地区尽快改变贫困面貌的通知》，专门划定了 18 个特殊贫困地区进行重点扶持。这些政策的实施使得特殊贫困地区得到了同样的发展，缓解了特殊贫困地区的贫困状况，对整个社会的扶贫开发而言，不至于造成发展极化。

这一系列的计划经济体制改革释放了巨大的改革红利。据历史资料显示，1978—1985 年，我国农村社会总产值从开始的 2 038 亿元猛增到 6 340 亿元；粮食总产量增加了 24%；农村人均纯收入由 134 元上升到了 398 元；人均占有粮食、肉类、粮油和油料的增长速度也十分迅速。农村的绝对贫困人口由 1978 年的 2.5 亿人减少到了 1985 年的 1.25 亿人。在计划经济体制改革期间，我国农村的绝对贫困人口共减少了 2.5 亿人，平均每年减少贫困人口 1 786 万人。这一时期成为了我国历史上减缓贫困成效最为显著的时期。

## 第三节 市场经济体制下有组织、有计划的区域扶贫开发期（1986—2011 年）

自 1986 年后，我国的市场经济制度改革逐渐在各地开展，我国的扶贫开发开始凸显出有计划、有组织的特性，虽然群众的生活质量水平、收入水平相较于前一阶段都有较大的提高，但是处于停滞增长状态，地区与地区之间的发展开始出现差距，同时，仍然还有大规模的人口处于温饱线以下。为了解决这样的问题，加速实现共同富裕，1986 年起我国开始进入了有组织、有计划的区域扶贫开发时期。这一扶贫期可分为三个阶段：第一阶段是 1986—1993 年，第二阶段是 1994—2000 年，第三阶段是 2001—2010 年。

1986—1993 年为大规模开发式扶贫阶段，以成立“国务院贫困地区经济开发领导小组”（1993 年改为“国务院扶贫开发领导小组”）为专门扶贫机构为标志，中国扶贫进入了有组织、大规模、开发式的扶贫阶段。专门的扶贫机构在这一阶段成立，预示着扶贫开发工作得到更加清晰的执行，责任落实更加到位。中央层面设立了国务院扶贫开发领导小组及办公室，制定了相应的贫困判定标准和重点帮扶开发区域、重点县，安排了专项的扶贫资金，制定了一系列有利于贫困地区人口发展的增收措施和经济优惠政策。在省、地、县层面也设立了与国家层面相适应的扶贫专门机构，扶贫的机构专门化，扶贫开发工作也更加清晰具体化。这一举措使得扶贫开发工作开始进入有组织、有计划的区域开发阶段。1986 年 2 月，贵州省委派出 3 300 人的驻村扶贫工作队，开启和创新了中国扶贫工作特有制度安排的重要类型。由于专门化的扶贫开发政策、明确的扶贫开发方针以及各种优惠政策的实施，农村绝对贫困人口在 1993 年减少到了 8 000 万人。

1994—2000 年为扶贫攻坚阶段。以《国家八七扶贫攻坚计划》（以下简称《攻坚计划》）为标志，《攻坚计划》中明确提出：在 20 世纪末基本解决现阶段剩余的 8 000 万农村贫困人口的温饱问题。中央政府大幅度增加扶贫开发投入，明确资金、任务、权利、责任“四个到省”的扶贫工作责任制，建立东部沿海地区支持西部欠发达地区的扶贫协作机制，并推行了入户项目支持、最低生活救助、教育卫生扶贫、科技扶贫、劳动力转移、生态移民等多元化扶贫措施。据资料显示，到 2000 年年底，我国的农村绝对贫困人口减少了 4 791 万人。

2001—2010 年为综合扶贫开发阶段。《中国农村扶贫开发纲要（2001—2010 年）》明确提出：尽快解决少数贫困人口温饱问题，进一步改善贫困地区的基本生活条件，巩固温饱成果，提高贫困人口的生活质量和基本素质，加强贫困乡村的基础设施建设，改善生态环境，逐步改变贫困地区社会、经济、文化的落后状况，为达到小康创造条件。同时，要以国家扶贫开发重点县为重点，以 15 万个贫困村为扶贫对象，从此开始全面实施以村为单位进行综合开发和整村推进的参与式扶贫，同期农村贫困人口从 9 422 万人下降到 2 688 万人。在党的十六大召开期间，扶贫的工作环境发生了深刻的变化，从过去主要依靠经济增长拉动的专项扶贫计划，逐渐形成一个集行业政策、区域政策和社会政策于一体的“大扶贫”格局。党的十六大明确提出要贯彻落实科学发展观，统筹城乡发展，做出“两个趋势”的科学论断以及“以工促农，以城带乡”的方针。

2007 年，为解决农村贫困人口的基本生存问题，党中央、国务院决定在全国农村实施最低生活保障制度，为基本生存问题做出了兜底性制度安排。2008 年 10 月，党的十三届三中全会做出了《中共中央关于推进农村改革发展若干重大问题的决定》，其中明确指出，要在农村实行新的扶贫标准，对农村的低收入人口全面实施帮扶措施。温家宝同志在 2009 年 3 月的政府工作报告中进一步明确提出：“在 2009 年将继续实施新的扶贫标准，对低收入人口全面实施帮扶政策。新标准提高到人均 1 196 元，扶贫对象覆盖 4 007 万人。”进一步提高了人均收入标准，拓宽了扶贫范围，确保每一个处于贫困的群众都能得到帮扶。2011 年，国务院、中共中央为实现 2020 年全面小康社会建成的目标、迈开共同富裕的步伐、加快贫困地区的发展，制定印发了《中国农村扶贫开发纲要（2011—2020）》，提出了重要的“两不愁、三保障”的目标，以及要将 14 个连片特困地区作为扶贫开发的主战场的政策规划。

从 1986 年开始实施的有计划、有组织的区域扶贫开发取得了令人瞩目的成绩。这一阶段的扶贫开发探索出了一条具有中国特色的扶贫道路，解决了农村居民的基本温饱问题，使得人民收入大幅度提高，全面建立了最低社会保障制度，贫困地区基础设施建设不断提高，社会事业不断进步。从根本上而言，这一阶段的扶贫成效相较于之前，不管是从人民生活还是社会发展的角度，都有了质的飞跃。区域扶贫的特色使得我国的边疆地区得到发展，促进了民族团结、社会和谐。

## 第四节　经济新常态下精准扶贫、精准脱贫攻坚期（2012 年至今）

2012 年至今为以片区开发新举措与精准扶贫新方略融合推进的扶贫脱贫攻坚阶段。以 2015 年《关于打赢脱贫攻坚战的决定》出台为标志，以“2020 年现行标准下贫困人口全部脱贫，贫困县全部摘帽，解决区域性整体贫困问题”为目标，全面实施精准扶贫精准脱贫方略，全党、全国、全社会动员，坚决打赢脱贫攻坚战。

我国现处于并将长期处于社会主义初级阶段，虽经历了数十年的奋斗与扶贫开发，扶贫任务仍然十分艰巨：①个别集中连片特殊困难地区仅靠政策优惠及支持，地区经济和贫困人口的自身发展能力都较为低下，发展相较于其他地区滞后；②扶贫对象人数巨大；③虽然绝对贫困人口相对减少，但相对贫困问题突出，贫困地区和贫困人口靠自身能力致富的能力还很弱，返贫问题在各地区都时有发生。自党的十八大以来，为深化解决这些问题，我国的扶贫开发阶段就此进入了到户到人的精准扶贫、精准脱贫攻坚时期。

## 一、党中央高度重视扶贫开发工作

党中央高度重视扶贫开发工作，在党的十八大召开以后，为实现第一个百年的奋斗目标，将民生作为我党执政为民的第一件大事，扶贫开发被纳入了“四个全面”的战略布局。习近平总书记更是将扶贫开发工作一直摆在十分重要的位置，他多次亲自深入贫困地区进行实地调研，考察贫困人口现阶段的生活状况，并多次就扶贫开发工作发表重要讲话，其中多次涉及精准扶贫、科学扶贫、内源扶贫、扶贫机制体制改革创新的重大理论与实践问题，形成了我国新时期扶贫开发的新思路。他指出并多次强调：“贫穷不是社会主义。如果贫困地区长期贫困，贫困的面貌始终得不到改善，群众的生活质量和水平始终得不到提高，那就没有体现出我国社会主义制度的优越性，那就不是真正的社会主义。”要使全中国的贫困人口脱离贫困，实现共同富裕，才能体现我国社会主义制度的真正本质。

党的十八届五中全会明确提出，我国现阶段脱贫攻坚的总体目标是：到2020年我国现行标准之下农村贫困人口要实现全部脱贫，贫困县全部摘帽，解决区域性贫困问题。中央扶贫开发工作会议的召开，贯彻落实了党的十八届五中全会精神。会议分析了目前我国扶贫开发已经进入了脱贫攻坚的决胜阶段，我们要全面建成小康社会在将来几年会面临的脱贫形势和任务，同时对当前及以后的脱贫攻坚的任务做出了部署，动员鼓舞全党全社会合力打赢脱贫攻坚战。

2015年11月发布了《中国中央国务院关于打赢脱贫攻坚战的决定》，这一决定进一步深度明确了到2020年时我们应该达到的脱贫攻坚的总体目标，即：到2020年，稳定实现农村贫困人口不愁吃、不愁穿，义务教育、基本医疗和住房安全有保障。实现贫困地区可支配收入增长幅度高于全国平均水平，基本公共服务主要领域指标接近全国平均水平。确保我国现行标准之下农村贫困人口实现脱贫，贫困县全部摘帽，解决区域性贫困问题。

党中央高度重视民生问题，为了确保在2020年实现全面小康，达到相应的脱贫攻坚目标，提出了精准扶贫的基本方略。精准扶贫的扶贫开发方略要求做到以下几点：

（1）抓好精准识别、建档立卡这个关键环节，为打赢脱贫攻坚战打好基础，为推进城乡发展一体化、逐步实现基本公共服务均等化创造条件。

（2）要按照扶持对象精准、项目安排精准、资金使用精准、措施到户精准、因村派人精准、脱贫成效精准的要求，使建档立卡贫困人口通过产业扶持、转移就业、易地搬迁、教育支持、医疗救助等措施实现脱贫，剩余完全或者部分失去劳动能力的贫困人口将通过社会保障政策兜底脱贫，达到脱贫攻坚的最终目标。要对建档立卡的贫困村、贫困户和贫困人口定期进行全面核查，并将贫困人口进行分类管理，实行有进有出的动态管理。要对台账进行精准管理，杜绝数字脱贫。

（3）要建立贫困户脱贫认定机制。为避免出现边脱贫、边返贫的现象，已经脱贫的贫困户在一定的时期内要继续享受贫困户相关的政策待遇，要切实做到应进则进、应退则退、应扶则扶。抓紧制定严格、规范、透明的国家扶贫开发工作重点县退出标准、程序、核查办法。重点县的退出，要由县提出申请，市（地）初审，然后省级审定，最后报国务院扶贫开发领导小组备案。重点县退出以后，在脱贫攻坚期内国家对贫困县的原有扶贫政策不变，但同时要抓紧制定关于重点贫困县退出以后的发展政策和国家帮扶机制。

（4）要加强对扶贫工作绩效的社会监督，要定期开展贫困地区群众对于脱贫攻坚工作的满意度调查，建立对扶贫政策的落实工作和扶贫成效的第三方评估机制。评价精准扶贫成效，既要看减贫人数，也要看脱贫的质量。不能制定不切实际的脱贫目标，对在扶贫开发工作中弄虚作假的要严肃处理，追究其责任。

扶贫开发最重要的是精准，最珍贵的也是精准，要做到真扶贫、扶真贫、真脱贫。要在扶贫减贫以后，确保扶贫效果的可持续性，注重培育贫困群众的自身发展能力，减少脱贫之后返贫的可能性，要让贫困群众的内生动力得到激发，在社会公共服务方面具有更多的获得感，让农民的农业生产技术得到真正的提高。

截至目前，我国是全世界减贫人口最多的国家。根据外交部与联合国驻华机构合著的《中国实施千年发展目标报告》，不管是按照我国政府的扶贫标准还是国际的扶贫标准，我国都是世界上首个完成联合国千年发展目标的国家，加速了全球减贫的进程。在 60 多年的不懈努力下，在各届领导人集体的高度关心和重视下，我国发生了翻天覆地的变化，扶贫事业历经了十分光辉的岁月，这样的成就，足以载入人类历史发展的史册。在上述的不同阶段中，我国的贫困人口大幅度的减少，据资料显示，自改革开放以来，通过实施各项的扶贫开发措施，7 亿多农村贫困人口成功脱贫，截止到 2017 年年底，我国农村贫困人口已经减少至 3 046 万人。在广大人民群众的生活方面，群众的收入得到提高，生活质量和生活水平不断提升，众多的基础设施建设也使生活环境变得更加方便；在社会保障方面，我国现在已经全面建立了农村最低生活保障措施，全面推进了新型农村合作医疗，九年义务教育在全国范围内开展。区域经济得到了发展，贫困地区的面貌发生了翻天覆地的变化，全民的生活和文化质量不断提高；部分资源大县、旅游大县和产业结构成功调整的重点县，实现了超出常规的发展。

## 二、我国的扶贫开发经验

我国扶贫开发取得如此巨大的成就，是由于我们不仅注重减少贫困人口的数量，同时注重贫困地区因地制宜的发展。最重要的是，我们的党中央领导集体带领着全社会一起探索出了一条适合我国国情的社会主义扶贫开发道路。我们从区域促进了贫困地区的经济文化发展，缓解了农村贫困状况，通过基础设施建设等扶贫开发项目优化了国民经济的结构，从根本上巩固了我党的执政基础与中国特色社会主义制度，用实实在在的人民生活质量水平提高与国家各个领域的变化向全世界展示了我国社会主义制度的优越性，也表明了我们党治国理政的执政能力。同时，我国扶贫开发的伟大成就，也为全世界的发展中国家提供了减贫的经验。

我国的扶贫开发经验主要可以总结为以下几个方面：

**1. 我国始终坚持自力更生** 扶贫开发的主体是处于贫困线以下的人口，我们要带领他们脱离贫困，就是要提高他们自身的发展能力和自我生存能力。我们通过培育他们的发展能力，促进能力建设，增强其个人的自我积累、自我发展能力，动员鼓舞他们靠自己的能力建设家园，改变落后的面貌。这样不仅从扶贫主体的角度维护了扶贫开发的成果，提高了扶贫开发成果的可持续性，减少了贫困主体的返贫可能性，同时逐渐从根本上根除贫困群众“等、靠、要”的落后懒惰思想。

**2. 坚持制定扶贫开发规划** 党中央和政府始终将扶贫开发、改善民生、提高群众生活水平和质量作为我国国民经济和社会发展之中的一项重要计划，把民生作为执政立党的第一件大事，从政治、全局、战略高度看待扶贫工作。首先，扶贫开发、实现共同富裕是第一个百年奋斗目标的重点工作；其次，扶贫开发也是“十三五”时期重大而紧迫的战略任务；最后，扶贫开发在“四个全面”战略布局和“五位一体”总体布局中有着重要地位和作用。扶贫开发始终在每一项重要计划之中，在每一阶段都有其应达到的目标，并且随着时间的推移，实施着符合时宜的扶贫措施。坚持为扶贫开发制订计划，使我国的扶贫开发始终有条不紊地进行。

**3. 加强政府机构的主导，同时引导社会参与**

（1）加强政府机构领导，建立健全从中央到地方的扶贫工作领导机构，实行各级书记负责精准抓扶贫，“因人、因户、因地”有特殊性的扶贫工作机制。

（2）在坚持加强政府主导的同时，注重广泛引导社会力量，如民间组织、民营经济等参与扶贫以形成扶贫工作的社会合力。以各种形式让社会各方面了解贫困地区和贫困人口的情况，在全社会营造出全民共同参与扶贫开发的舆论氛围。

**4. 长久坚持扶贫开发，坚持精准扶贫**　在政府支持下，各单位开展基础设施建设，通过对农民进行培训、加强教育来提高农民素质，同时依托贫困地区的自然资源，因地制宜地进行开发性生产建设。要让贫困户自身形成自身发展能力，最终脱贫致富。我国在坚持“真扶贫，扶真贫”的原则之下实施了精准扶贫，针对于不同的地区环境、不同贫困户的自身状况采用了科学有效的扶贫程序，大大提高了我国扶贫开发的精准度和扶贫效率。

我国现阶段扶贫开发工作取得的成就是令人瞩目的。我们党将执政为民体现在每一件关于民生的事上。人民生活水平和质量的提高、国民收入的增加、社会保障措施的不断完善、公共服务和基础设施建设的不断提高等无一不体现着我国社会主义制度的优越性。但是，截止到2017年年末，我国仍有3 046多万贫困人口还处于我国现行制定的贫困生活标准之下，要在2020年实现共同富裕，达到中等发达国家水平，我们必须要实现每年脱贫1 000万左右的贫困人口。目前，脱贫攻坚已经进入了啃硬骨头、攻坚拔寨的关键时期，必须以更大的决心、更明确的思路、更精准的举措、超常规的力度，众志成城实现脱贫攻坚目标，决不能落下一个贫困地区、一个贫困群众。

扶贫开发是从量变再到质变的过程，我们要坚持扶贫开发的理念，坚持精准扶贫的基础方针，坚决做到“真扶贫，扶真贫”，杜绝数字扶贫现象，坚决将责任落实到每一个岗位上。只有坚持中国共产党的领导，坚持社会主义制度，才能全面建成小康社会，最后走向共同富裕，实现中华民族伟大复兴的“中国梦”。

# 第三章　五大发展理念与精准扶贫、精准脱贫

党的十八届五中全会中提出的创新、协调、绿色、开放、共享五大发展理念是精准扶贫、精准脱贫的提纲，始终贯穿于全面建成小康社会的实践中。通过精准扶贫实现精准脱贫，最终实现全面建成小康社会的目标，让贫困人民公平地享受改革红利，提升人民群众的幸福感与获得感，达到共同富裕的最高目标。

## 第一节　五大发展理念是精准扶贫、精准脱贫的价值引领

### 一、五大发展理念是“四个全面”战略布局的理论拓展

创新、协调、绿色、开放、共享五大发展理念体现了共产党执政规律、人类社会发展规律、经济发展规律等客观规律，符合并揭示了现代社会发展规律，是特色社会主义建设理论与实践结合的产物，是我国治国理政理念的最新体现，同时，它也丰富了马克思主义理论，让社会主义道路越走越宽。“四个全面”战略布局中的四个全面相辅相成，通过全面深化改革、全面依法治国、全面从严治党这三方面的战略举措来实现全面建成小康社会的战略目标。五大发展理念则始终贯穿于“四个全面”之中，换句话说，五大发展理念是沿着理论路径对“四个全面”战略的展开。“两个一百年”奋斗目标和中华民族伟大复兴“中国梦”的实现以及中国社会的健康长远发展都需要“四个全面”战略布局和五大发展理念来奠定坚实的思想基础、确立科学的指南和正确的价值指引。

## 二、五大发展理念是“十三五”乃至今后一段时期发展的引路灯

新时代的发展需要有新的理念来引领。检验一个新的理念是否科学、先进，只需要检验其是否符合并揭示社会发展规律与社会实际，是否能够实现发展目的。五大发展理念是一种科学、先进的新理念，它符合中国国情与社会发展规律，集中体现了“十三五”乃至今后很长一段时期的发展方向、发展思路与发展着力点。“十三五”乃至今后一段时期的发展目标在于如期实现全面建成小康社会，推动经济持续健康发展。这段时期是全面建成小康社会的攻坚期与特殊期，而消灭绝对贫困、缓解相对贫困是全面建成小康社会的关键所在，是实现中国梦第一个宏伟目标及中华民族伟大复兴的重点工作。在这一新时代的发展需求下，需要五大发展理念这一新的发展理念作为引路灯，发挥其引领作用，为扶贫开发工作乃至其他工作指引方向。

## 三、精准扶贫、精准脱贫需全面贯彻五大发展理念

思想是行动的先导，它的转变意味着发展行动的方向、着力点、思路与具体措施的转变。发展理念正确了，依据发展理念制定的具体政策方针、具体实施方式正确了，政策的落实情况抓好了，发展行动的具体目标也会跟着实现。

“四个全面”战略布局和“五位一体”总体布局实际上是党的十八大和十八届三中、四中、五中全会精神的高度概括，也是邓小平理论、“三个代表”重要思想、科学发展观在布局方面的具体体现。如果说十八届三中全会聚焦于深化改革，四中全会关注依法治国，那么五中全会则着眼于全面规划。“四个全面”战略布局和“五位一体”总体布局使中国特色主义道路越走越宽，体现了党代表先进生产力的发展要求、先进文化的前进方向、最广大人民的根本利益这三个要求，也体现了科学发展观。五大发展理念是“四个全面”战略布局和“五位一体”总体布局的理论拓展，而精准扶贫、精准脱贫是实现“全面建成小康社会”需要全社会合力打赢的一场持久战，是实现第二个奋斗目标的基础。因此，精准扶贫、精准脱贫必须全面贯彻落实创新、协调、绿色、开放、共享五大发展理念，充分发挥制度优势，以“衣带渐宽终不悔，为伊消得人憔悴”的执念、“不破楼兰终不还”的决心、“鹰击长空万里阔”的气概，举全国之力，施创新之策，打赢精准扶贫、精准脱贫之战。

“小康不小康，关键看老乡”。想要全面建成小康社会，就必须啃下扶贫攻坚这块“硬骨头”，让农村特别是贫困地区的农村也步入小康社会，做到不愁

吃、不愁穿、公平地享受到医疗与教育，享受改革红利，有更多的获得感与幸福感。精准扶贫、精准脱贫政策的实施是新时期党和国家对农村发展的有力回应，因此，精准扶贫、精准脱贫是全面建成小康社会的工作重点，也是全面建成小康社会的重要路径。

长期以来，我国扶贫工作一直通过抽样调查的方式获得数据，而抽样调查后逐级往下分解得来的贫困群众数据导致我国扶贫大数据调查工作普遍存在低质、低效的问题，同时，贫困居民基数不清楚，扶贫对象常由基层干部推测估算，并不准确。所以，在扶贫开发的过程中，建立扶贫开发数据信息系统是十分必要的，通过信息系统可实时掌握各地扶贫状况，精准确认数据，为打好攻坚战提供“软件保障”。同时，由于我国以前的扶贫工作没有做到统一协调各种资源，没有做到持续长远发展，扶贫方式也是单纯的发放资金，导致“年年扶贫年年贫困”，因为没有真正了解贫困地区、贫困农民的贫困原因，没做到具体问题具体分析，所以未达到预期的脱贫效果。

我们要清楚地认识到五大事实：①未来五年年均扶贫开发工作投入金额较大，据最新数据显示，该金额高达 2 000 多亿元；②脱贫人数众多，未来五年时间要实现 5 575 万贫困人口脱贫和 832 个贫困县摘帽的目标；③扶贫脱贫工作难度大，最难啃的“硬骨头”被剩到了最后这一阶段；④在经济下行压力大的背景下，在“三期叠加”的环境下，就业竞争加剧，就业岗位减少，一些脱贫农民因为下岗失业重新陷入贫困的沼泽；⑤贫困人口层出不穷，以前的贫困人口刚刚脱贫，又有一些农民因为这样或那样的原因重新陷入贫困。

党和国家对于精准扶贫、精准脱贫工作有着坚如磐石的决心，即便存在难啃的“硬骨头”，也一定能完成精准扶贫、精准脱贫的任务，实现全面建成小康社会的目标。这就要求我们首先实现以下两个小目标：①在“十三五”期间，通过实现“两不愁、三保障”的目标，在兼顾温饱的要求下，实现脱贫致富的长期发展；②实现在现行贫困标准下的贫困地区、贫困人口的顺利脱贫。

由于扶贫难度的逐年增加，我国的脱贫速度逐年下降。但是，我国近几年扶贫脱贫获得的成绩还是有目共睹的，我们要对未来发展保持信心。“十二五”规划以来，成功脱贫人口共计增加 6 000 多万人，脱贫人口以平均每年 1 200 万人的速度增长。相信在精准扶贫精准脱贫的正确实施下，在创新、协调、绿色、开放、共享五大发展理念的正确指引下，在党、国家、社会等多方努力下，我们最终会实现在“十三五”规划的五年时间内完成 1 000 万人脱贫的目标，全面建成小康社会。

# 第二节　创新发展是精准扶贫、精准脱贫的动力源泉

## 一、创新扶贫开发模式，提高贫困地区“造血”能力

“授人以鱼不如授人以渔”，充分调动贫困地区基层干部和群众的积极性和创造性，实现贫困人口自我发展能力，释放其发展潜能。通过加强贫困地区的水、电、路、气、房、环境“六到农家”工程的建设，改善贫困地区人民的生产生活条件；通过推进贫困地区教育、文化产业的发展，提高贫困地区智力水平和整体素质；推进本土特色产业，如经济作物种植业、特色文化产业、特色旅游业的发展，改变贫困地区经济结构，加快第二、三产业与第一产业的融合，为贫困地区提供更多的工作岗位，增加贫困地区农民经济收入，让农民们的腰包鼓起来，真正摘掉贫困帽。

## 二、创新扶贫方式，“精准滴灌”扶贫

想要扶贫工作取得实实在在的效果，就必须转变扶贫方式。之前的扶贫方式是粗放型扶贫、“大水漫灌”式扶贫：只要是贫困地区，不了解贫困原因、不清楚地区状况、没有花心思想对策，就一味地采用发放扶贫资金的方式，扶贫资金如“天女散花”，贫困根源没有根除，资金花完后贫困县依然是贫困县，贫困人民依然是贫困人民。为使扶贫工作取得实效，扶贫方式要由粗放型扶贫转变为精准扶贫。深入基层，实际调查了解贫困地区的基本情况，分析其贫困原因，“望、闻、问、切”缺一不可。找出贫困根源，打好精准识别、精准施策、建档立卡这些关键基础，解决扶贫对象、扶贫人员、扶贫方式、扶贫退出方式这四大重点问题，才能做到贫困药到病除，实现扶贫目标。要相信群众的力量是无穷大的，我们要充分发挥基层群众的创造性，放权于基层群众，拓展政府与群众的沟通交流渠道，如开通热线电话、设置电子邮箱或意见箱、召开村民大会等，方便群众就扶贫工作献言献策，更好地集中民智、发挥民智。

## 三、创新扶贫资源使用方式，统筹集中资源使用方式

我们要积小流成江海，整合各类社会资源，优化资源内部组织结构，整合扶贫项目，加强部门间联动机制，实现“1＋1＞2”的组合优势。制定扶贫规

划，捆绑使用相关扶贫资金，如涉农资金、社会精扶资金，建立重点扶贫项目平台，统筹运用好各项扶贫资源，如资金、资产、资源，集中力量打好“多条渠道进水，一个龙头出水”的组合拳。国务院办公厅出台的《国务院办公厅关于支持贫困县开展统筹整合使用财政涉农资金试点的意见》（国办发〔2016〕22号）要求，各地要根据贫困地区的实际情况，因地施策。如果当地有扎实的农业基础，农业生产基础建设比较完备，气候适宜农作物或经济作物特别是特色经济作物的生长，那么就大力发展农业生产。实行农村生产合作社，通过政府购买或利用市场将地区农田集中起来形成生产合作社，统一生产，引进先进生产技术与设备，雇佣农民到生产社工作。同时也要完善公路、电、水、气、互联网等公共基础设施，改善人民群众的生产生活条件。大力搭建农村电子商务平台，拓宽农产品的销售渠道，提高其影响力与知名度，致力于创造属于当地的品牌，提高人民群众收入，达到脱贫的效果。有丰富生态资源的地区，可以修复其受破坏的生态环境，发展特色旅游业，带动第三产业的发展，从而促进地区经济发展，提供更多的就业岗位，增加人民收入，达到脱贫效果。

## 四、创新扶贫考评体系，以脱贫的成效为考核重点

想要脱贫攻坚工作取得实实在在的成效，就需要对扶贫工作考评机制进行创新，建立和完善监督反馈机制，督促各层干部责任层层切实履行，落实各项精准扶贫政策。精准扶贫、精准脱贫剩下的任务均为难啃的“硬骨头”，是关乎民生的一项大工程，工作环节环环相扣，这就需要每一环节的政策都落实到位，为下一环节打好坚实的基础。要落实《省级党委和政府扶贫开发工作成效考核办法》，做好每年年度扶贫攻坚报告的汇报工作和督查工作，将其建立为严格的制度并执行落实。基层干部，特别是贫困地区基层干部选拔任用的重要依据应转变为脱贫实效，将民生、经济、生态等方面作为权重纳入到扶贫考核评价体系中，以达到监督基层干部行为的目的，将精准扶贫、精准脱贫工作落到实处。

## 五、创新是脱贫对象的强大动力源泉

现阶段是扶贫工作的攻坚期，剩下的都是难啃的“硬骨头”，原有的扶贫理念、扶贫方式和扶贫措施都不能很好地解决现阶段扶贫工作中遇到的难题。创新是引领发展的第一发展动力，我们要将创新放在精准扶贫、精准脱贫的关键位置上，根据贫困地区的实际发展状况进行创新，做到有的放矢，为脱贫对

象提供强大的、源源不断的动力，让贫困地区人民也能公平地享受制度红利与改革红利，共同走进小康社会。

## 第三节　协调发展是精准扶贫、精准脱贫的内在要求

### 一、协调发展是促进脱贫对象持续发展的必经之路

在邓小平“让一部分人、一部分地区先富起来，先富带动后富，达到共同富裕”的政策精神指引下，我国改革开放的巨轮经受住了巨浪的拍打，冲破了成片的浓雾，取得了很好的成效，使得我国成为世界第二大经济体。但是，我们也要清楚地认识到，我国经济发展存在着不平衡现象。东西部、城乡间发展不平衡，我国还有一部分农村、一部分农民并没有真正享受到改革红利，他们没有步入小康社会，一些人甚至还在吃饱穿暖的问题上痛苦挣扎。因此，想要真正实现共同富裕，实现持续长远发展，就必须坚持协调发展，强调我国经济，特别是城乡经济、东西部经济的整体性与协调性，带动贫困地区经济发展，为我国经济提供发展后劲。要做好扶贫这一民生大项目，实现贫困人口的顺利脱贫，就要解决好贫困地区的小康问题，这是全面建成小康社会的“短板”所在。

### 二、推动区域城乡协调发展是脱贫工作的重点环节

我国经济发展存在着区域城乡发展不平衡的现象，让农村发展起来、进入小康社会是全面建成小康社会的重点和难点。国家脱贫攻坚的主战场是 592 个贫困县、12.8 万个贫困村和 14 个连片地区，要破除城乡二元制，建立健全的城乡一体化体制，合理、公平地配置城乡资源，实现平等交换要素、享受均等的基本公共服务。同时，要根据贫困地区具体情况，因地制宜发展经济，促进农业发展，实现工业反哺农业、城市带动农村，促进农民增收，让农民的腰包鼓起来，协调区域城乡发展，让大河有水小河满，从整体上消除区域性贫困。同时，积极推进城镇化进程，有利于转变农民的身份、职业和观念，提高收入水平，缩小城乡区域之间收入分配、发展机会和享受公共服务等方面的差距，增强社会认同感。因此，缩小城乡区域间的差距是精准扶贫、精准脱贫工作的重点环节。

## 三、以乡村振兴促进贫困地区脱贫致富

（1）以“农业现代化”为着力点，通过产业振兴促进农业劳动效率的提高，鼓励富余劳动力进入非农业行业就业，在解决农村富余劳动力、提高农民收入的同时也为第二、三产业的发展提供充足的人力资源，促进第二、三产业的发展，进而为贫困地区的人民提供更多的就业岗位，增加农民的可支配收入。

（2）以“新型工业化”为基础，推动贫困地区经济发展的模式转变，由原来的资源导向型且污染多的模式转为劳动性密集型且污染少的模式，建立以工业化为核心，绿色、循环、低碳为导向的新型工业化发展模式，依托信息化发展并壮大特色、绿色产业，如特色旅游、本土特色文化产业等，通过文化振兴和生态振兴为贫困地区脱贫致富创造出源源不断的动力。

（3）以“信息化”为桥梁，利用先进技术，乘着“互联网＋”大数据时代的春风，在大幅度降低扶贫工作工作成本的同时提高扶贫工作效率，以较少的人力、物力、财力、时间等获得较大的工作实效，最大程度激发扶贫工作者的工作创造性与积极性，发挥其发展潜能。

（4）以“新型城镇化”为依托，促进农村城镇化，将贫困人口从贫困地区转向较为发达的城镇，通过城镇较为完善的基础设备、思想理念、知识技能等提高贫困人口获得收入的能力，转变农民的身份、职业和观念，增强其社会认同感，先富带动后富，逐一击破，实现脱贫目的。与此同时，农村城镇化也能为工业发展提供劳动力、场所与消费市场，便于展开扶贫、脱贫工作，提高留在农村的人的资源占有水平，实现规模化和集约化经营，提高劳动生产率，改善生活质量，实现共同富裕。

# 第四节　绿色发展是精准扶贫、精准脱贫的底线任务

## 一、实现贫困地区永续发展必须坚持绿色发展

消除贫困和保护环境是世界可持续发展领域的两大核心议题。对中国而言，我们也要清楚地认识到，我们的党是为人民服务的党，是始终坚持立党为公、执政为民的党，消除贫困、实现共同富裕是党肩上的重担，也是党的重要使命。想要实现可持续发展，我们的精准扶贫、精准脱贫工作就要高举绿色发

展的旗帜，处理好人与自然、环境与经济的关系，经济与环境两手抓，两手都要硬，重点发展绿色经济，将绿色经济作为精准扶贫、精准脱贫工作的重中之重，这是实现贫困地区永续发展的唯一道路，是深入落实科学发展观和贯彻党的十八届五中全会精神的要求。

## 二、政策支持绿色扶贫

扶贫工作要做到因地制宜，分类施策。对于生态遭到破坏的贫困地区，要大力恢复生态，做好退耕还林还草、石漠化治理、天然林保护和水生态治理等重大生态工程，在项目和资金安排上都要向贫困地区倾斜，提高贫困人口参与度和受益水平。对于需要保护的重点生态功能区，要增加转移支付，开展生态综合补偿试点，健全公益林补偿标准动态调整机制，完善生态保护补助奖励政策等，让贫困地区从生态保护中得到更多的实惠，从长远发展的角度促进经济的发展。

## 三、坚持绿色扶贫理念

绿色发展是一种健康、科学、可持续的发展，它反映了社会发展规律。因此，我们要坚持人与自然的和谐相处，不能以牺牲环境获得经济增长，既要金山银山，也要绿水青山。在精准扶贫、精准脱贫的实施过程中，要把保护生态环境放在首要位置，大力发展绿色经济、循环经济、低碳经济，坚持节约、保护、自然恢复重于一切。扶贫开发要坚持适度原则，为贫困地区子孙后代的发展留下足够的生态资本，在经济发展、消除贫困和保护环境三者之间打下一个支点以实现三者的平衡。

## 四、加快发展绿色经济

要做好精准扶贫、精准脱贫工作，就要平衡经济发展与环境保护之间的关系。提高贫困地区人民收入，从根源上做好扶贫工作，发展绿色经济是重点。市场能灵活地反映出供求变化。随着我国经济的发展，人民生活水平有着明显提高，人们更加注重生活质量、食品质量与安全，绿色、无污染的食品受到广大人民的青睐。因此，我们在精准扶贫、精准脱贫的工作中，可以以市场需求为导向，因地制宜，发展绿色、无污染的土特产，在环境保护的前提下适度开发贫困地区的各种资源，如有特色景观的地区可以发展特色旅游、观光农业，有特色本土文化的发展文化产业，有丰富矿产资源的发展工业。各地区培育新的绿色经济增长点，发展绿色产业，积累绿色资本，实现贫困地区经济的持续发展。

## 第五节　开放发展是精准扶贫、精准脱贫的必由之路

### 一、开放是贫困地区繁荣发展的必由之路

习近平总书记在党的第十八届中央委员会第五次全体会议上指出，“人类的历史就是在开放中发展的。任何一个民族的发展都不能只靠本民族的力量。只有处于开放交流之中，经常与外界保持经济文化的吐纳关系，才能得到发展，这是历史的规律”。贫困地区要坚持开放的发展理念，只有开放才能看到自己与世界的差距，让贫困地区人民产生发展的紧迫感，从压力中获得动力，增强贫困人民的脱贫决心，调动人民的积极性、主动性和创造性，为精准扶贫、精准脱贫奠定群众基础。

### 二、以开放的态度与国内国际加强交流合作

要实现贫困地区走向繁荣，需要以开放的态度做好交流合作。

**1. 加强国内各地区扶贫工作的交流合作**　各地在扶贫工作实践中都是“摸着石头过河”，不断探索、总结，积累了不少扶贫经验与教训，探索出了扶贫的新路子。可在全国范围内就扶贫工作进行经验交流，通过交流，学习别人的优秀做法，相互借鉴、相互学习，共同推进精准扶贫精准脱贫工作，实现全面建成小康社会的目标。

**2. 加强国际间扶贫工作的交流合作**　通过对外援助、项目合作、技术扩散、智库交流等多种形式，加强与发展中国家和国际机构在扶贫领域的交流与合作，积极借鉴其他国家先进的减贫理念与经验。

### 三、扶贫工作对全社会开放，促进全社会的广泛参与

现阶段，我国的执政理念开始转变，由管理型政府转变为服务型政府，实行简政放权，将权力下放于企业，促进社会共治。在这个社会背景下，我们的扶贫工作也要强调全社会广泛参与，形成社会共治。在扶贫工作中，政府要发挥主导作用，统筹协调各种资源，尽可能地发挥协同作用。同时，要鼓励全社

会各组织、群众广泛参与，畅通各种渠道，让政府听到最广大群众的诉求。急群众之所急，忧群众之所忧，集民智、聚民心，尽可能地调动群众参与积极性，使得政府的扶贫措施与政策更好地落到实处。此外，由于政策机制往往滞后于经济社会的发展，因此政府还要根据实际及时地健全东西部扶贫合作机制、定点扶贫机制与社会力量参与机制，广泛动员全社会力量，合力推进脱贫攻坚。

### 四、大力实施开放式精准扶贫

要使贫困地区经济实现良性循环，走“双向开放”经济发展道路，即对内、对外同步开放，就需要摆脱原来封闭、单一的自然经济状态，实行开放的市场经济。开放式精准扶贫可从以下两方面进行：一方面，积极参与国内市场竞争，在竞争中相互借鉴，更好地认识到自己的优缺点，从而扬长避短，引进先进技术、设备、信息与管理思想，从一定程度上增强市场主体的活力；另一方面，积极参与国际市场的竞争与交流，将扶贫工作中形成的特色本土产业，如土特产、特色旅游等推向国际，开拓国际市场，形成中国品牌，扩大中国产品的国际影响力，将扶贫工作与经济建设相结合。总的来说，就是让开放与精准扶贫、精准脱贫相依存、相促进、相融合，让脱贫致富成效成为开放的新起点，开放成为精准扶贫、精准脱贫的新举措，最终形成开放水平提高、脱贫致富目标完成的双赢局面。

## 第六节 坚持共享发展是精准扶贫、精准脱贫的必然结果

### 一、共享发展是社会主义的本质要求，是党的重要使命

创新、协调、绿色、开放、共享五大发展理念的核心是共享发展，共享是发展的目的，创新、协调、绿色和开放是发展的手段。消除贫困、改善民生、逐步实现共同富裕是社会主义的本质要求，是我党的重要使命。近些年来，我国在保障和改善民生方面做了很多努力，也取得了一定的成效。如进一步健全了具有中国特色的就业政策体系，建立了就业工作应急处理机制，同时国家鼓励“双创”，促进以创业带动就业；社保体系获得突破性进展，覆盖率进一步扩大，保障水平实现稳步提高；新一轮医疗体制改革取得阶段性成效，建立了基层首诊、双向转诊、急慢分治、上下联动的分级诊疗制度，让“小病社区

治、大病医院治、治好回社区”的理想医疗模式成为可能等。可以看出，我国经济发展的成果是人民共享的，让人民在共建共享发展中有更多的获得感。发展的目的是为了满足人民日益增长的物质文化需要，发展的过程也需要依靠人民，从群众中来到群众中去，情系群众，了解群众诉求，充分发挥群众的创造性与积极性，为经济发展奠定群众基础。可以说不依靠人民、不为了人民、成果不与人民共享的发展是失败的发展，是难以为继的发展。

## 二、树立共享理念，让贫困人民共享发展成果

共享发展理念，道破了发展是为了谁的问题。人民是国家的主人。改革开放以来，中国经济获得飞速发展，已成为世界第二大经济体，经济成效显著。

（1）要让人民共享到经济成效，就必须做好精准扶贫精准脱贫工作，因人施策、因户施策，用共享的发展理念脱贫致富。

（2）共享是全面的共享，包括人民的全体共享和发展成效的全面共享，即全体人民全面地享有经济、政治、文化、生态、社会各方面的发展成果。这不是计划主义中的平均主义，也不是欧美国家的高福利发展模式，这是在政府现有条件下的共享。

（3）共享是共建共享，它要求人人参与、人人尽力。同时，政府要拿出“不破楼兰终不还”的决心，统筹协调扶贫工作全局，提出大政方针，指引全社会开展扶贫脱贫工作。在充分发挥人民主体地位的基础上，激发人民的创造性与积极性，推动精准扶贫工作顺利开展，为实现全面建成小康社会目标而奋斗。

## 三、落实共享发展理念，实施精准扶贫

推进精准扶贫实现精准脱贫，是打赢脱贫攻坚战的关键环节，是全面建成小康社会的精髓和亮点，也为第二个奋斗目标的实现奠定群众基础、经济基础、生态基础、政治基础。有效推进精准扶贫、精准脱贫，需要做到“六个精准”，特别是其中的“三个精准”，即精准识别、精准帮扶和精准管理。

**1. 做到精准识别** 要精准识别扶持对象，明确“扶持谁”的问题，不落下一个贫困村、一个贫困户，按照“县为单位、规模控制、分级负责、精准识别、动态管理”的总原则，顺应“互联网＋”及共享大数据的时代潮流，为精准识贫插上互联网的翅膀。建立贫困农户的电子档案，便于记录和抽查工作。加强信息公开，消除行业间信息壁垒，实现信息共享，简化工作流程，提高工作效率。在精准扶贫工作中，充分发挥贫困人民的主体作用，充分发挥基层民

主，让知根知底的村民通过“比选”的方式确定扶贫对象，其具体操作如下：在国家公布的扶贫标准线下的村民先填申请表，通过由村民小组召开的户主会、由村“两委”召开的村、组干部和村民代表会议进行比选，公示出评选的结果。若对公示结果有异议，则根据公示意见，再次召开村、社两级干部和村民代表会议进行比选，通过再次公示后确定贫困农户。

**2. 做到精准帮扶**　坚持“实事求是、因地制宜、分类指导、精准扶贫”的工作方针，根据贫困地区的生态、生产、基础设施等情况，实施“五个一批工程”，即发展生产脱贫一批、易地搬迁脱贫一批、生态补偿脱贫一批、发展教育脱贫一批、社会保障兜底一批，根据各地的位置条件、资源优势和产业基础制定适宜的产业扶持计划，坚持宜农则农、宜商则商、宜游则游。若生存条件恶劣、自然灾害频发、基础设施的建设成本高，则进行易地搬迁脱贫。

**3. 做到精准管理**　精准管理的核心在于钱和人。在扶贫资金方面，一方面，要确保资金到户，在产业发展上可以推行遂宁市船山区唐春村的“股份合作、保底分红、二次分利”的扶贫模式，将专项财政资金变农户股金，也可以通过现金、实物、股份合作等方式直补到户。在住房建设上，可以推行南江县农村廉租房的做法，将空置的活动室、学校等通过国家的统一规划、统一安排项目资金、统一建设转变为廉租房，保障贫困地区的住房问题。技能培训、创业培训等补助资金则可以直补到人，鼓励贫困地区农民参与技能培训。另外，政府也要在贫困地区帮助展开丰富的技能培训，如月嫂培训、家政服务技能培训、物流行业的培训、种植特色经济作物等，以满足贫困地区的培训期望，使农民有一技之长，提高经济收入。对读中、高职学生的生活补贴、特困家庭子女上大学的资助费用，可通过“一卡通”等方式直补到受助家庭，避免贫困地区上学难、因学返贫的情况发生。易地扶贫搬迁、乡村旅游发展等项目补助资金可以直接向扶贫对象发放。另一方面，要提高扶贫资金的运作效率，加强对财政扶贫资金和扶贫项目的监管，做好审计、检查工作，同时也要进行项目资金具体使用情况的信息公开，让项目资金的用途、实际去向、具体数额等信息公开透明，达成项目资金内外监督两手都抓、两手都硬的效果，真正将扶贫项目资金用在刀刃上，让财政扶贫资金在阳光下运营。对于贪污腐败、挪用扶贫项目资金的行为严惩不贷，让经手扶贫资金的人员不敢贪腐。

在人员管理方面，又可以分为管理谁和谁管理两大方面。

（1）对贫困农民的管理，可以采用建档立卡的方式。纸质档案管理有不易保存、不易查找翻阅等缺点，电子档案管理可以提高工作效率，便于数据传输，便于金融税务、工商、人力资源和社会保障等各政府部门之间的信息交流沟通，简化办事流程，提高工作效率。同时也要发挥基层群众的主体性，将识别权交给知根知底的基层群众，鼓励群众积极参与，积极配合扶贫开发工作。

（2）对于谁管理的问题，要精准选派干部到贫困农村指导、帮助基层干部开展扶贫开发工作。要落实领导干部责任，健全政绩考核体系，抓扶贫工作的落实情况，将脱贫实际成效纳入干部考核体系中。也可以让基层干部与特别贫困户结为“穷亲戚”，进行一对一重点帮扶，加强基层干部的责任意识。加强村支部的组织建设，提高基层干部的思想觉悟、工作能力与工作效率，充分发挥党支部和党小组的战斗堡垒作用。积极鼓励有技术、有知识、有理想的大学生投身于基层建设，支持“三支一扶”、西部大开发等项目政策，给贫困地区带去新鲜血液，带去创造力和活力。“耶鲁村官”秦玥飞，曾以托福满分的成绩考入美国耶鲁大学，以优异成绩毕业后，他放弃跨国公司的高薪，毅然投身到祖国基层，扎根基层，为农村带去了新的发展理念与思路，完善基层基础设施建设，带动农村经济发展。我们的扶贫工作的开展需要有如秦玥飞、“最美村官”沈浩、“新太行愚公”李保国等这样的人才投身进来，为脱贫攻坚添砖加瓦。精准扶贫要选派干部亲自到达贫困地区，吃农家饭、睡农家床、住农家屋、干农家活，真正到达基层、了解农村情况，心系基层、情系百姓，急群众之所急、忧群众之所忧，促进干群关系，基层干部与基层群众合力共建小康社会。

## 四、落实共享发展理念，实现有效脱贫

**1. 把蛋糕做大做好** 充分调动人民群众的创造性、主动性、积极性，将全社会、全体群众纳入到扶贫攻坚之战中，各自奉献出自己的力量，最终积小流成江海，积小步成千里。同时政府也要做好为人民服务的工作，增加公共服务的供给，增加贫困地区的教育投入，鼓励就业与创业，提高群众的可支配收入，不断将蛋糕做大做好，共同打赢脱贫攻坚战。

**2. 把蛋糕分好** 建立更加公平和持续的社会保障制度，加大对贫困地区的帮扶力度，缩小城乡区域收入差距，体现制度优势，提升人民群众的获得感与幸福感。保证贫困地区人民的身体健康，完善医疗保障制度，提高医保覆盖率，将更多的病症纳入报销范围，提高边远地区群众参保积极性，实行异地参保、异地报销机制，同时也要加快建立“基层首诊、急慢分诊、双向转诊、上下联动”的分级诊疗制度，形成“小病社区治、大病医院治、治好回社区”的医疗模式，避免贫困地区因病返贫。

# 第四章 脱贫攻坚的目标与任务

“治国之道，富民为始”，从一穷二白到如今的飞速腾飞，中国在带领人民实现共同富裕的这条道路上克服了无数困难。如今，中国已在脱贫攻坚方面做出了巨大的成就，在党的带领下，众多贫困人民通过努力摆脱贫困，迎来了更好的生活。然而，路漫漫其修远兮，目前，虽然一部分人民群众摆脱了贫困，却仍然还有人民在贫困的深渊中挣扎。我们既要看到所取得的成就，树立脱贫的信心，也要正视现实，看见还未摆脱贫困的苦难人民，帮助更多人民群众摆脱贫困是我们不能忘记的责任。

为了更好地实现在党的十八届五中全会上提出的目标，即要通过实施脱贫攻坚工程，精准扶贫、精准脱贫，分类扶持贫困家庭，探索对贫困人口实行资产收益扶持制度等方式，到2020年在我国“现行标准”下农村贫困人口实现脱贫，贫困县全部摘帽，解决区域性整体贫困问题，就需要制定既与我国国情相符同时又与国际标准接轨的科学合理的扶贫标准。这个标准的制定，是将来实施脱贫攻坚工程的基础，也是展开脱贫计划的前提。

## 第一节 绝对贫困标准是全球范围内主要的贫困衡量标准

中国倡导以人为本，以仁处世，将人民群众的生活幸福放在首位，帮助贫困人民摆脱贫困是国家肩负的重任。在国外，贫困亦是备受关注的话题，全球的贫富差距大，在一些富裕国家的人民享受安稳幸福生活的同时，还有一些贫穷国家人民在为每天的基本生存忧愁。无论是国内还是国外，如何摆脱贫困一直都是各国关心的问题。对中国来说，要解决贫困，不能闭门造车，既要立足于国情又要了解国外解决贫困的情况，在一定程度上参考国际的贫困标准，只有这样，才能更加全面地了解贫困，从而制定出科学合理的贫困标准，实现脱贫。

# 一、国际贫困标准

由于全球的发展水平不平衡，所以需要根据不同国家的发展水平来制定不同的贫困标准。世界银行通过发布贫困线标准将贫困划分为两档，即绝对贫困和一般贫困，这也是目前世界公认的国际标准。绝对贫困线的制定主要依据数个最穷国的情况再通过购买力平价法计算出每人每天的生活费，以此作为衡量贫困的标准。所参考的最穷国数量是有所变化的，1990 年参考了 12 个最穷国的情况，1994 年则为 10 个，2008 年和 2015 年均为 15 个。通过这种计算方法，1990 年世界银行首次发布的绝对贫困标准为 1.01 美元/（人·天），之后在 1994、2008、2015 年做出了三次调整，分别为 1.08 美元/（人·天）、1.25 美元/（人·天）、1.9 美元/（人·天）（图 4－1）。一般贫困线的制定依据为 75 个发展中国家的情况，将这些国家的贫困标准中位数定位为一般贫困线。在这种计算方法下，2008 年的国际一般贫困标准为 2 美元/人/天，其后在 2015 年做了一次调整，为 3.1 美元/人/天。针对不同的贫困线，所制定的扶贫政策也不同。

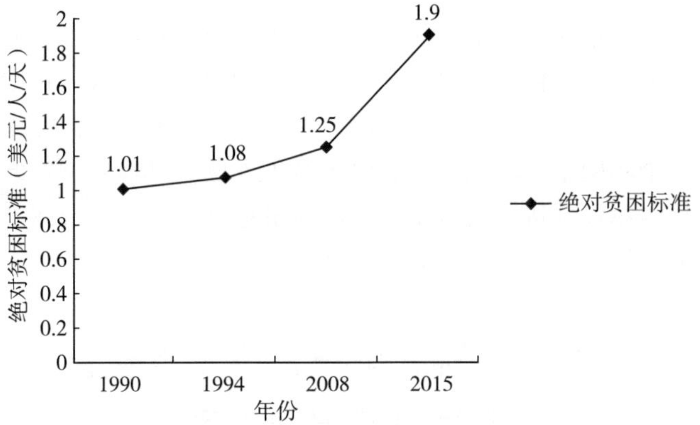


图 4－1　世界银行绝对贫困标准

注：原始数据来自世界银行数据库。

从国际绝对贫困标准的数次调整情况可以看出，贫困标准是与全球经济变化相联系的。随着经济的发展，国际绝对贫困标准也在逐步提高，所覆盖的贫困人口范围也更广。在世界各国的努力下，贫困率在降低，贫困人口数也在不断减少，代表了全球贫困人民的脱贫成效，也在一定程度上反映出人们生活水平的提升。

绝对贫困标准不断提升，按照最新的绝对贫困标准，即 1.9 美元/人/天，世界贫困人口是在不断减少的。1981 年世界贫困人口为 20 亿人，目前为 9 亿人左右，贫困率也从 1981 年的 44.3%降低到目前的 12.7%。从这个方面来看，国际扶贫事业取得了一定的成绩。但是，这种贫困人口的减少并不是全球均衡的，不同收入等级国家的贫困率降低程度也不同。调查分析发现，贫困率降幅最大的为中等收入国家，贫困率从 63%降低到了 5.4%；低收入国家降幅最小，从 70.3%降低到 47.2%。可见，发展速度较快的国家在扶贫方面取得的成就更大。

我国是发展中国家，在发展经济的同时，也要将贫困扶助落到实处。经济发展的时期正是开发许多新领域的时期，扶贫也要从这个角度出发。在发展落后的地区，许多可发展经济的领域还未被发掘，贫困人民没有看到发展经济的机会，难以找到脱贫的突破口。因此，各地区政府要充分做好调查和分析，帮助人民找到脱贫的方向。有了正确的方向才能够实现发展，要抓住高速发展的机会，带领贫困人民实现脱贫。

同期，我国有 7.9 亿人实现了脱贫，对全球减贫的贡献率达到了 72%。由此可见，我国在扶贫工作方面是取得了一定的效果的，这种成绩不仅代表着我国人民生活水平的提升，为全球的扶贫事业也提供一些可借鉴的经验。

如果将标准提高到最新的一般贫困线，即 3.1 美元/（人・天），那么世界的贫困人口数量更多。在这个标准下，中国的贫困人口约 3.6 亿人，印度的贫困人口约 7.1 亿人。贫困标准线要结合实际情况，制定合适的标准。虽然我国目前还不能达到国际一般贫困标准线标准，但是我国所制定的贫困标准线是依据我国家现实情况，在充分调查人民的生活状况之后，制定出能够实现的、切合实际的贫困标准。如果将标准定得太高，则会导致难以实现目标，打击信心，人民对于政府的信任度也会降低。因此，要制定能够实现的标准，逐步提高，这样才能真正实现脱贫。

## 二、发达国家的贫困标准

发展程度不同，贫困标准也不同。按照世界贫困标准，高收入国家已经实现了零贫困，但是，各个发达国家依然根据本国的实际情况，制定了本国的贫困标准，在各国自己的标准下，脱贫仍然是需要解决的问题之一。

**1. 美国** 美国人口普查局根据家庭人数、18 岁以下成员数、家庭收入确定了贫困线和贫困指导线两个标准，分成 9 个层级（表 4－1）。按照当前的标准，贫困线最低为 11 354 美元，最高为 52 685 美元。最小家庭规模 1 人，最大的家庭规模为 9 人及以上，每个不同规模的家庭又根据家庭户主是 65 岁以上还是以下、家中未满 18 岁儿童人数来分别确定贫困线。如家中有一个孩子的三口之家，若收入在 19 055 美元以下，则将其划分为贫困家庭。在此标准下，美国 2014 年的贫困人口为 4 666 万人，贫困率达 14.8%。

**表 4-1 2014 年美国贫困线**

单位：美元

| 家庭规模 | | 18 岁以下儿童人数 | | | | | | | | |
|---|---|---|---|---|---|---|---|---|---|---|
| | | 没有 | 1 名 | 2 名 | 3 名 | 4 名 | 5 名 | 6 名 | 7 名 | 8 名 |
| 一口之家 | 65 岁以下 | 12 316 | | | | | | | | |
| | 65 岁以上 | 11 354 | | | | | | | | |
| 两口之家 | 户主 65 岁以下 | 15 853 | 16 317 | | | | | | | |
| | 户主 65 岁以上 | 14 309 | 16 256 | | | | | | | |
| | 三口之家 | 18 158 | 19 055 | 19 073 | | | | | | |
| | 四口之家 | 24 418 | 24 817 | 24 008 | 24 091 | | | | | |
| | 五口之家 | 29 447 | 29 875 | 28 960 | 28 252 | 27 820 | | | | |
| | 六口之家 | 33 869 | 34 004 | 33 303 | 32 631 | 31 633 | 31 401 | | | |
| | 七口之家 | 38 971 | 39 214 | 38 375 | 37 791 | 36 071 | 35 431 | 34 036 | | |
| | 八口之家 | 43 586 | 43 970 | 43 179 | 42 485 | 41 501 | 40 252 | 38 953 | 38 622 | |
| | 九口及以上 | 52 430 | 52 685 | 51 984 | 51 396 | 50 430 | 49 101 | 47 899 | 47 601 | 45 768 |

注：原始数据来源于美国人口普查局。

为了决定是否给予联邦项目援助，美国制定了贫困线的简化版标准，即贫困指导线。以 2014 年为例，美国通过向收入低于贫困指导线的 125%的 6 300 多万人发放食物券来实施补充营养计划。在 2016 年，1 人家庭的贫困指导线为 11 880 美元，8 人以上家庭在 8 人家庭的 40 890 美元的基础上，每增加一人，贫困指导线提高 4 160 美元。

2. **欧盟** 欧盟的贫困线采用的是相对贫困指标，以全国居民家庭收入的 60%作为划线标准。由于欧盟内各个国家的发展水平不同，居民家庭收入也存在较大差异，因此彼此之间的贫困线差距也较大。以有两个孩子的四口之家为例，在 2014 年，挪威的贫困线可达 55 156 欧元，而马其顿仅为 2 456欧元。

按照欧盟各国的贫困标准，在 2014 年，整个欧盟的贫困人口数为 8 536 万人，贫困率达 17.2%（图 4-2）。欧盟贫困情况地区差距较为明显：东欧整体上更为贫困，罗马尼亚和塞尔维亚的贫困率最高，为 25.4%；而身陷债务困扰的西班牙、希腊和意大利，则分别为 22.2%、22.1%和 19.4%；与东欧较高的贫困率相比，西欧和北欧贫困率相对来说较低，如冰岛、法国和英国，在 2014 年的贫困率分别为 7.9%、13.3%和 16.8%。

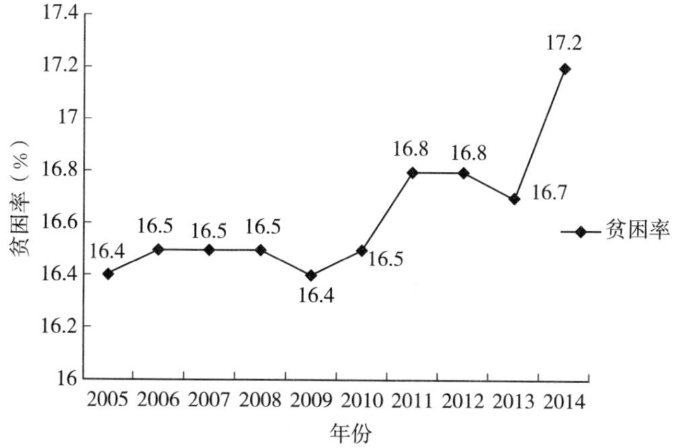


图 4－2　欧盟贫困率

注：原始数据资料来源于欧盟统计局。

**3. 日本**　日本和欧盟一样，也采用的是相对贫困指标，不同的是，日本是将全国居民家庭收入中位数的 50%作为贫困线的划线标准。以 2012 年为例，日本的相对贫困线为家庭年收入 130 万日元左右（约为人民币 6.2 万元），该年的相对贫困率高达 16%，相当于每 6 人中就有一人处于相对贫困（图 4－3）。

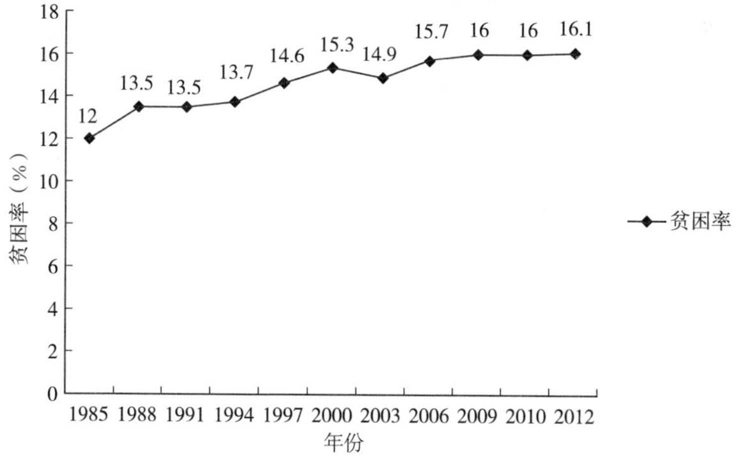


图 4－3　日本的相对贫困率

注：原始数据来源于日本厚生劳动省。

从各发达国家的贫困标准制定方法可以看出，经济发达的国家通常采用的是相对贫困指标，并且所选择的方法也不同。不同的贫困标准所划出的贫困程度不同，贫困标准提高，而人民的生活水平没有明显提高，那么就会使得更多的人成为贫困人民，从而导致贫困率升高。发达国家在制定贫困标准的过程中，往往会考虑除基本生存需要以外的其他需要，因此所制定的标准往往也较高。在这种标准下的贫困与我们所说的贫困会有一定的不同，因此，我国在制定贫困标准时，不是直接参考的发达国家的标准，而是从中借鉴经验，找到合适的衡量因素。

## 三、发展中国家的贫困标准

和发达国家采用的相对贫困指标不同，大多数发展中国家采用的都是绝对贫困指标，但各个发展中国家的划线标准也不相同。以印度为例，印度将每人每天需摄入的热量换算成食品和相应的货币收入，以此作为贫困县的划线标准，并且针对城市和农村有两种不同的贫困线。在 2012 年，印度农村的贫困线为每人每天 2 335 大卡、27 卢比，城市的贫困线为每人每天 2 095 大卡、33 卢比，按照此标准，2012 年印度全国贫困人口为 2.6 亿人，贫困率为 22%。巴西按照工资的 1/2 和工资的 1/4 分别划定了贫困线和绝对贫困线。埃及则是根据家庭调查，将低于全国人均支出的 1/3 划为绝对贫困，低于全国人均支出的 2/3 划为相对贫困。由于国际贫困标准所依据的是全球最穷 15 国的平均数，因此绝大多数国家的贫困标准都比国际标准高，如南非、俄罗斯、巴西的国内贫困标准分别比国际贫困标准高 30 个、10 个、4 个百分点，而印度和我国的贫困标准则与国际绝对贫困标准相近。

由于全球的经济发展并不平衡，发展中国家之间的差距也较大，不同国家选择的衡量标准不同，制定出的贫困线也存在差异。但是，立足于本国国情、从人民的真实生活水平出发是各个国家制定贫困标准时离不开的原则。

如果按照国际标准来衡量各国的贫困率（表 4－2），可以看出不同发展程度国家间的贫困率差异较大，同时，不同发展程度的国家所采用的贫困标准是不同的。在确定贫困率的过程中，各国家所考虑的因素不同，计算方法也存在着差异。

**1. 贫困可以分为绝对贫困和相对贫困**　如果连基本的生活需要都无法维持，则将其划分为绝对贫困；如果是生活水平落后于大多数人，则将其划分为相对贫困。不同于可以消除的绝对贫困，相对贫困是无法消除的，是会一直存在的。例如已经消除了绝对贫困的美、日等发达国家，其仍然有高达 15%左右的相对贫困率。

**表 4-2　按国际贫困线衡量的主要国家贫困率**（单位：%）

| 国家 | 年份 | | | | | | |
|---|---|---|---|---|---|---|---|
| | 2006 | 2009 | 2010 | 2011 | 2012 | 2013 | 2014 |
| 美国 | 12.3 | 14.3 | 15.1 | 15.0 | 15.0 | 14.5 | 14.8 |
| 德国 | 12.5 | 15.5 | 15.6 | 15.8 | 16.1 | 16.1 | 16.7 |
| 法国 | 12.5 | 12.9 | 13.3 | 14.0 | 14.1 | 13.7 | 13.3 |
| 英国 | 19.0 | 17.3 | 17.1 | 16.2 | 16.0 | 15.9 | 16.8 |
| 日本 | 15.7 | 16.0 | 16.0 | — | 16.1 | — | — |
| 巴西 | 17.3 | 13.3 | — | 11.1 | 9.0 | 8.9 | 7.4 |
| 俄罗斯 | 15.2 | 13.0 | 12.5 | 12.7 | 10.7 | 10.8 | 11.2 |
| 印度 | — | 29.8 | — | 21.9 | — | — | — |
| 南非 | 57.2 | 56.8 | — | — | — | 47.0 | — |
| 中国 | — | — | 17.2 | 12.7 | 10.2 | 8.5 | 7.2 |

注：原始数据来源于美国统计局、欧盟统计局、世界银行。

消灭贫困是我国一直以来的目标。目前，我国还处于消灭绝对贫困的阶段，首要任务是保证所有人民的基本生活需求。在消灭了绝对贫困之后，还会出现相对贫困，贫困不是一朝就可以消除的，人民的生活水平差异也不会完全消失，我们要做的就是让人民的生活水平一步步提高，从而推动社会的进步和发展。

**2. 贫困标准因国情不同而不同**　在制定贫困标准的过程中，需要综合考虑基本生存需要、收入水平、财力等相关因素。贫穷国家的标准线为基本生存需要，大多数贫穷国家都会考虑居民每人每天应摄入的营养，再将其转化为相应的货币从而来确定贫困标准线；富裕国家的标准线则还包括居民更高层次的生存需求，如欧盟所划分的贫困，还包括不能每天都吃到鱼、肉等食物，能每年都外出休假一周。此外，对于发展中国家来说，由于全国的经济发展还不够平衡，农村和城市的居民生活水平也存在着较大的差异，所以绝大多数的发展中国家都会采用两种贫困标准，即农村贫困标准和城市贫困标准，根据不同的标准再来制定有针对性的扶贫政策。如印度在 2014 年发布的贫困线为农村 32 卢比，城市 47 卢比。对于发达国家来说，经济发展较为成熟，地区之间的发展差距较小，因此发达国家大多采用统一的贫困标准，由此来制定统一的扶贫政策。

我国目前是发展中国家，主要的扶贫对象在农村，这是由我国发展现状所决定的。对不同发展程度的地区划分不同的贫困标准，能够更加切合实际地制定扶贫政策，这也是精准扶贫，即“对象要精准、项目安排要精准、资金使用要精准、措施到位要精准、因村派人要精准、脱贫成效要精准”的体现。

3. **贫困标准并不是一成不变的**　随着社会生产力的提高和社会的发展变化，越来越多的因素被加入到衡量标准当中。大多数国家会定期调查、不断调整，衡量贫困的标准也越来越丰富，最开始是以食品需要为主，之后慢慢纳入其他考虑因素，如住房、教育、交通甚至一些非收入和消费支出等因素。以巴西为例，巴西的“家庭补助金”计划不仅包括了食品补助和食品券，还包括了学校补助、燃气扶助等。

我国在1986年首次制定了贫困标准，到如今已进行了多次调整，这种调整是在考虑物价水平变化以及不同时期脱贫任务的情况下做出的。随着社会的发展，我国贫困标准的制定也在慢慢加入一些非食品需求，更多地关注更高层次的需求。我国的贫困标准并不是完全统一的，一些地区率先根据当地的实际情况，制定出高于国家贫困线的贫困标准。2010年，在当时2 300元的贫困标准下，有14个省份所制定的地方扶贫标准高于国家扶贫标准。我国地方发展差距较大，东部地区更为发达，因此，东部地区应根据当地实际情况，制定符合现实状况的扶贫标准，切切实实地帮助人民摆脱贫困，同时也为我国的脱贫工作做出表率。

将各种社会发展带来的变化考虑进去，是在制定扶贫标准的过程中不可忽视的内容。这不仅是为了让政府所制定出的标准与社会同步，也是为了真正提高人民的生活水平，让更多的人民享受到扶贫扶助。在制定衡量标准的过程中，应当考虑物价上涨、生活需求增加、居民个人发展需要增加等影响因素。当衡量标准增加时，贫困线也会提高，但这并不代表贫困人口一定会增加。如果国家所采用的扶贫政策有效，人民成功实现脱贫，生活水平得到较大提升，那么在提高后的贫困标准下，国家的贫困人口反而会减少，这既体现了人民生活水平的提高，也体现了国家社会的发展。

## 第二节　我国贫困标准符合国情，并逐步与国际标准接轨

国家的发展不是一蹴而就的，而是一个循序渐进的过程。国家的经济发展需要一步步进行，贫困也需要一步步地攻克。随着社会生产力的变化，人

们的消费需求也会不断变化，明确每个阶段应该解决的首要问题，才能有条不紊地完成脱贫攻坚任务。中华人民共和国成立至今，我们见证了社会的大变化，而这种变化也表明了分阶段确定目标、制定扶贫标准的必要性。每个阶段人民的首要需求是不同的，所制定的标准要首先满足人们最迫切的需求，之后再根据社会水平的变化来明确下一个阶段的任务，根据任务来制定科学合理的标准。

## 一、三个阶段

根据国情，我国的贫困标准经过了三个阶段的调整。

1. **第一阶段：解决基本温饱问题**　在中国国家统计局的《关于中国农村贫困状况的评估和检测》报告中，将 1978 年的贫困标准定为 100 元，同时估计出当时的贫困人口规模为 2.5 亿人，贫困率为 30.7%。在这一时期，中国农村创造了五保户供养制度、特困户救济和救灾制度。这是一种以人民公社集体经济为依托的社会保障制度，所谓五保，即保吃、保穿、保住、保医和保葬。在当时的社会条件下，每个享受五保户福利的人能够得到 40～60 元的补助。尽管额度不高，但是能够享受该待遇的覆盖率却较高，一定程度上也可以将其看作是我国农村贫困标准的补充。

我国首次正式制定并公布贫困标准是在 1986 年。当时采用了恩格尔系数法，得出每人每天的最低营养需求，再根据最低收入人群的消费结构将其换算成人民币，以此得出贫困标准线。在 1985 年 206 元的农村贫困标准下，当年我国农村有 1.25 亿人为贫困人口，脱贫任务艰巨。

国务院贫困地区经济开发领导小组也在 1986 年成立，这标志着我国的扶贫开发工作从道义性扶贫变成了制度性扶贫，从救济性扶贫转为开发性扶贫，从此，帮助贫困人民实现脱贫致富成了一项独立的社会工程，而不再是一般的社会救济工作。

之后，随着物价不断变化，我国的贫困标准也在不断调整。到 1994 年，我国贫困标准提高到 440 元，并且根据这个标准制定了《国家八七攻坚扶贫计划》，提出要争取 7 年基本解决 8 000 万农村贫困人口的温饱问题；要在按照 1990 年的不变价格计算的基础上，让绝大多数的贫困户人均收入达到 500 元以上，同时还要扶持贫困户创造稳定解决温饱的基础条件等。《国家八七攻坚扶贫计划》是中华人民共和国成立以来第一个目标明确、对象明确、措施明确、期限明确的扶贫开发行动纲领。在 2000 年 625 元的贫困线标准下，我国的贫困率降低到 3.5%，贫困人口减少到 3 209 万。据此，我国已基本实现了攻坚扶贫计划的战略目标（表 4－3）。

**表 4－3 我国贫困标准的变化**

单位：元

| 年份 | 1986 年标准 | 2001 年标准 | 2010 年标准 |
| --- | --- | --- | --- |
| 1985 | 206 | | |
| 2000 | 625 | 865 | |
| 2007 | 785 | 1 067 | |
| 2008 | | 1 196 | |
| 2010 | | 1 274 | 2 300 |
| 2015 | | | 2 855 |

注：原始数据来源于国务院扶贫办。

贫困标准是指在一定的时间、空间和社会发展的条件下，人们能够维持基本的生存需求所需要的必需物品以及所需要的最低服务。政府在制定贫困标准的过程中，不仅需要考虑人们的生活水平，还需要结合当下的实际现状，从而制定出科学合理的贫困标准。随着社会的发展和物价的变化，中国的贫困线在1985 年人均年纯收入 200 元的基础上逐年调整。和国际贫困标准的相对贫困标准不同，中国将贫困标准下的绝对贫困标准作为我国的贫困线。我国的贫困人民主要集中在农村地区，如何帮助农村贫困人民实现脱贫是我国一直以来力求解决的问题。确定目标、确定对象、逐步攻克贫困，才能真正帮助人民摆脱贫困。

从我国贫困标准线的变化可以看出，我国的贫困标准随着社会发展而不断提高。贫困标准的提高一方面是为了和社会发展相一致，另一方面也是为了让更多的贫困人民能够享受到贫困扶助。在扶贫标准不断提高的情况下，我国的贫困人口在逐渐降低，贫困率也在降低。由此可以看出，我国制定的扶贫政策是有效果的，越来越多的贫困人民在国家的领导下，实现了脱贫，生活质量得到了改善。

2. **第二阶段：考虑非食品需求** 在初步解决了贫困人民的温饱问题之后，为了使人民的生活水平得到提高，一些必需的非食品支出、如最低的衣着、住房、燃料、交通等也逐渐纳入计算范围。但是这种标准不能直接提高，过高的贫困标准会脱离实际，难以在贫困人民可接受的时间范围内完成，长此以往，会使人民失去脱贫的信心，不利于以后脱贫工作的开展。因此，需要找到一个过渡的标准，然后再逐步提高扶贫标准，使扶贫对象更加具体和明确，让资源有效地用到实处，真正解决贫困人民的困难。

2000 年，我国制定了《中国农村扶贫开发纲要（2001—2010 年）》，这是我国制定并颁布的首个扶贫减贫纲领性文件。纲要不仅提出要进一步加大对绝对贫困人口的扶持力度，同时还制定了农村低收入贫困标准，确定了农村低收入贫困人群，将这些贫困人群的生产生活状况、地区分布、特征和变化趋势纳入到了监测范围。为了完成2001年国家制定的《中国农村扶贫开发纲要（2001—2010年）》中提出的尽快解决少数贫困人口温饱问题、为小康创造条件的任务，国家对扶贫标准进行了调整：保留1986年的标准，在此基础上将部分非食品需求纳入计算，增加了低收入标准。由此，2000年农民人均收入低于865元的被划分为低收入，而865元则被明确为扶贫标准。到了2008年，我国将农村贫困标准和农村低收入标准合并为农村贫困标准，该标准的基准为每人每日2 100大卡热量的最低营养需求，然后再根据最低收入人群的消费结构来进行测定。2009年，我国的贫困标准为1 196元，2010年将扶贫标准提高到了1 274元。按照这一标准，当年的贫困人口为2 688万人，比2000年减少了6 735万人，贫困发生率也降低到了2.8%。由此，《中国农村扶贫开发纲要（2001—2010年）》确定的目标基本实现。

**3. 第三阶段：兼顾适度发展** 根据国家制定的《中国农村扶贫开发纲要（2011—2020年）》，2011年将2 300元作为新的扶贫标准。该标准的制定除了考虑到温饱问题，还考虑了发展水平、适度发展和政府财力等因素，与2008年相比，提高了92.3%。在此标准下，贫困率提高到17.5%。到了2015年，在2 855元的现价贫困线标准下，贫困率降低到了5.7%，贫困人口减少到5 575万人。由此可见，在贫困标准提高之后，众多的贫困人口也实现了脱贫，“不愁吃、不愁穿，义务教育、基本医疗和住房安全有保障”这一目标正在慢慢实现。

## 二、三点启示

将国际标准和国内标准进行比较，可以得到以下三点启示：

**1. 我国目前的贫困标准是与我国国情和承受能力相符合的** 每次制定标准都需要确定扶贫目标群体，同时考虑政府财力，从而制定出科学合理的贫困标准。目前，在1978年和2008年贫困标准下的贫困人口已基本消除，而按照现行标准的贫困线，则能使贫困人口的“两不愁、三保障”的要求得到基本满足，这与全面建成小康社会的要求是一致的。

**2. 要参考国际标准，与国际接轨** 1978年与2008年的贫困标准均低于国际标准，而到了2015年，我国的贫困标准为2.12美元，已经略高于国际绝对贫困标准的1.9美元。这一情况表明我国不仅要使人民的基本生活有保障，更要逐步提高人民的生活水平。提高贫困标准线对政府的扶贫工作提出了新的更大的挑战，是压力也是动力，不仅体现了我党务实的精神，也是全心全意为人民服务的态度的体现。贫困标准线的制定不是为了达到国际贫困标准线，而是为了及时了解人民的生活情况，从而带领人民不断提高生活水平，促进社会发展，实现国家富强。标准的提高是对自身要求的提高，这样才能不断进步。

**3. 不断调整，适时提高，对人民有利，也对国家有益** 社会主义的本质要求是解放生产力，发展生产力，消灭剥削，消除两极分化，最终实现共同富裕。我党的宗旨是全心全意为人民服务。当贫困标准不断提高，扶贫政策能够覆盖的范围也就越广，能够接受贫困扶助的人口就越多，人民受益就越多。此外，从人均国内生产总值上来看，世界银行认为我国人均 GDP 已达 7 800 美元，属于中上等收入国家，因此推荐我国使用发展中国家的一般贫困标准，即 3.1 美元。在此标准下，我国 2010 年贫困发生率比按我国标准高 10 个百分点，为 27.2%。可以看出，我国的人均国内生产总值虽较以前已经有较大幅度的增长，但是按照国际贫困标准，我国的贫困人口并不在少数，贫困率也并不低，我国的社会发展并非外界认为的那样。

脱贫不是只求一日不贫，我国贫困人口基数较大，靠资金直接补助不是长远之计，让贫困人民自己找方法，通过自己的努力实现脱贫致富才是可行的办法。许多的贫困人民由于缺少经验或者缺少带领人，难以利用已有的资源来实现脱贫。因此，政府在脱贫工作中不仅要保障人民的基本生活需要，也要担任引导人民通过自己劳动实现脱贫致富的角色。按照中央文件提出的要求，到 2020 年，能够通过产业扶持、转移就业、异地搬迁、教育支持、医疗救助等措施实现脱贫的贫困人口要达到 5 000 万人。这就要求政府在进行脱贫工作中，要最大限度地利用资源，提高贫困人民的劳动能力，注重贫困地区的医疗卫生和教育事业的发展，提高贫困群众的文化素质，让他们拥有更高的就业能力。贫困人民的基本生活要得到保障，扶贫开发也要逐步推行，兜底脱贫是适合我国目前发展状况的有效方法。在保障贫困人民基本生活的情况下，根据不同地区的不同状况制定不同的扶贫政策，既是扶贫，也是开发。如在生态脆弱的地区，就需要找到途径，做好生态恢复，同时与农民增收联系起来，既保护环境又帮助农民是实现脱贫；在人口资源丰富的地区，需要做好教育培训投资与扶持，通过提高当地贫困人民的自身素质，使其具备外出劳动的能力，从而通过劳务输出等方式来实现脱贫等。因地制宜，精准扶贫，低保标准较低的地区要加大扶持力度，尽快找到脱贫的有效方法，早日达到国家扶贫标准；而贫困标准已经高于国家标准的地区也不可掉以轻心，要注意返贫的情况，同时不断提高人民的生活水平。

脱贫攻坚不可一蹴而就，这将是一个长期的分阶段的过程，是一个需要顺应时代变化的过程。从最开始的确保人民的基本生活能够有保障，到如今的人民的适当发展能够得到满足，中国在引领人民群众实现脱贫的这条道路上一步一步前进着。“单丝不成线，独木不成林”，要想早日实现脱贫，社会各方面都要努力，政府要及时制定出科学合理的扶贫政策，充分了解贫困人民的真实情况，不断调整，将脱贫措施落到实处，从而在真正意义上的提高人民的生活水平；人民群众也要及时了解政府的扶贫政策，积极配合调查分析，表达自己的合理需求，跟着政府的脚步，早日走出贫困。

## 第三节　我国脱贫攻坚期贫困标准解析

我国的脱贫攻坚工作目前已经到了“攻坚拔寨，啃硬骨头”的关键时期。在这个阶段，我们必须意识到当前所面临的困难将更加艰巨。最开始人民生活水平低，发展空间大，在政府的领导下能够较为容易地找到脱贫的方法；现在，人民的生活水平已经在一定程度上得到了提升，容易脱贫的已经脱贫，剩下的都需要重新找到突破口，尤其是一些地理位置较差、自然资源较为短缺的地区，靠以前的办法很难实现脱贫。此外，由于我国地区之间发展不平衡，人民的劳动素质发展也不均衡，在现代化社会中，一些贫困人民的基本劳动素质难以满足当前社会发展的需要，如受教育程度较低、长期与社会脱轨、劳动力较弱等，这些都是需要脱贫过程中考虑到的问题。

习总书记指出，要全面建成小康社会，脱贫攻坚是最艰巨的任务。李克强总理强调，在全面建成小康社会的过程中，绝不让贫困人口落伍。还需要考虑到的是，一些贫困人民在实现脱贫之后，由于生病、灾害等原因导致返贫，因此，我们不仅要解决贫困，还要预防返贫，找到可发展、可持续的道路来解决贫困。“授人以鱼不如授人以渔”，解决贫困不是直接进行补助，而是要带领人民找到可以自己脱贫致富的途径。要有效地实施脱贫攻坚，离不开一个科学合理的贫困标准，我们既要从过去的标准中汲取经验，也要放眼于未来，制定既符合现状又富有远瞻性的贫困标准，同时积极与国际接轨，为推动全球减贫事业发展做出新的贡献。

### 一、引导人民合理解读我国现行标准

仅仅官方制定出科学合理的标准是不够的，若社会公众不能正确解读我国的现行标准，仍然难以使标准具有说服力。目前，部分人对于我国现行标准的解读仍然存在着一些误区。如忽略物价变动等因素，直接将我国 2 300 元的标准按汇率折算成每人每天生活费仅 1 美元左右；忽略我国现实国情，直接将我

国的贫困标准与发达国家高贫困线标准进行对比，并由此得出我国在 2015 年的贫困率已经远低于发达国家 15%的贫困率的结论。除了对国家标准贫困线的错误解读，有人对于脱贫问题的理解也存在着偏差，认为脱贫就是指“农村贫困人口实现脱贫”。政府除了要制定科学合理的扶贫标准，也要主动引导公众正确解读我国的贫困标准，正确认识我国的贫困现状，打好脱贫攻坚的基础。

正确解读我国的现行扶贫标准，不仅是看我国现行标准是否能够满足人民基本生活需要，还要考虑是否能够帮助人民提高生活水平，从而实现 2020 年全面建成小康社会的目标。按照对小康社会的解读，即能安稳度日的较为宽裕的经济状态，从全国住户收支调查数据实证验算结果来看，到了 2020 年，如果已有基本住房，并且人均生活水平为每年 2 800 元，那么该标准贫困户的实际恩格尔系数是 53.5%，其中人均每天有 4.1 元为食品消费支出。再结合当年的物价水平，在农村地区，每人每天健康生存大约会消耗的蛋白质和热量约等于 0.5 千克菜、50 克肉和 0.5 千克米面。通过对人民实际生活水平的统计和分析，政府在能够保障人民的基本生活需要的基础上，所划定的标准还能够支持一定的非食品支出。由此来看，我国目前所实行的贫困标准线是合乎实际的，能够帮助更多的贫困人民实现脱贫，同时也能够达到 2020 年全面建成小康社会中所要求的基本水平。

## 二、适当增加衡量因素，积极与国际一般贫困线接轨

就目前的情况来看，要达到国际一般贫困线 3.1 美元的标准对我国来说还比较困难。要使我国的贫困标准在 2020 年接近 3.1 美元的国际标准，就需要今后的年均增长率达到 7%左右，但过去 4 年，我国贫困标准年均增长率只有 3%。保持这种增速主要是将物价变化考虑进去。为了能够更好地提高人民的生活水平，逐步与国际一般贫困线标准接轨，需要我们适当将一部分必要的发展需求纳入衡量范围。因此，建议政府鼓励发展较好的地区根据物价上涨和需求增长的情况，适当提高标准，起好带头作用。

目前我国的贫困标准线按汇率换算已经超过了国际的绝对贫困标准线，这在一定程度上表明我国的扶贫政策有效，人民的生活水平在一定程度上有了提高。对我国而言，目前的国际一般贫困线与我国的现状不太相符，因此还不能达到国际标准，但是各地区仍然可以根据当地情况，在制定贫困标准时适当考虑其他因素，按照实际情况提高贫困标准线，逐步达到较高水平的贫困标准。

脱贫攻坚不仅是中国的大事，在国际上，这个问题也广受关注。积极了解国际情况，参与和引领全球在减贫问题上拓宽眼界和思路，也有利于促进全球

共同发展。从2015年《联合国千年发展目标报告》中可以看到，国际承认“中国在全球减贫中发挥了核心作用”。中国对于脱贫工作高度重视，直接将其作为国家总体战略任务来应对，不断汲取经验，不断制订更为完善的扶贫计划，如开发式扶贫、精准扶贫等，这些措施均是国际扶贫事业中能够借鉴的可贵经验。在未来的工作中，我国还要进一步参与到国际扶贫事业当中，参与国际贫困标准和国际扶贫政策的制定，不断提高自身实力，提高国际地位，同时也为国际扶贫事业做出贡献。

# 第五章　“六个精准”与精准扶贫、精准脱贫

消灭剥削，最终实现共同富裕，既是社会主义的本质要求，又是历史赋予我党的重要使命。社会主义市场经济制度成立以来，特别是改革开放政策的实施，让越来越多的中国人民享受到祖国发展的红利。7 亿多农村人民摆脱贫困的扶贫成效在世界消灭贫困的历史上树起了一座丰碑。党的十八大以来，我国扶贫开发工作进入到更具挑战的新时期，习近平总书记提出的“精准扶贫”为我国扶贫开发事业开创了新局面。

《中国农村扶贫开发纲要（2011—2020 年）》提出，我国扶贫总体目标为：到 2020 年，稳定实现扶贫对象不愁吃、不愁穿，保障其义务教育、基本医疗和住房安全。贫困地区农民人均纯收入增长幅度高于全国平均水平，基本公共服务主要领域指标接近全国平均水平，扭转发展差距扩大趋势。这场脱贫攻坚战是促进人民共享发展成果，实现共同富裕的重要举措，同时也事关我国的国际形象。打赢这场扶贫战，社会主义制度优越性也就不言而喻。但是就当前全国范围内贫困地区的实际情况来看，不少地区的贫困状态持续时间长，人民安于贫困的思想根深蒂固，这表明我国扶贫开发工作已进入啃硬骨头、攻坚拔寨的冲刺期。7 000 多万的农村贫困人口急需帮扶，时间紧迫，任务繁重。只有改变原有僵化的扶贫模式，转化思路，创新办法，才能在 2020 年实现全面建设小康社会的美好蓝图。

长期以来，我国扶贫工作在取得举世瞩目的成就的同时，仍然受到贫困人口底数不清、贫困情况不明、部分扶贫工作者责任感不强、扶贫资金去向不明、退出程序不完善等诸多问题的困扰，由此导致了“谁是真正的贫困户”“贫困户的具体贫困情况是什么”“怎么以有限的扶贫资金达到最大的扶贫效果”“脱贫之后怎样增强贫困户的经济可持续发展能力”等一系列问题。究其原因，主要在于对扶贫对象未能精准识别，扶贫工作的科学性不够，所以未能在贫困户、帮扶干部、政府之间形成合力。习近平总书记于 2013 年首次提出的“精准扶贫”正是要求扶贫工作有计划地、精准地、科学地开展工作。

要在“十三五”期间实现我国扶贫的总目标，对全党全国人民都提出了高要求。当前我们面对的都是扶贫工作中多年未解决的深层次矛盾和问题，面对的贫困人口都是特别困苦的群众。因此，常规思路和方法显然不适应当前的扶贫现状。习近平总书记提出：“我们注重抓六个精准，即扶持对象精准、项目安排精准、资金使用精准、措施到户精准、因村派人精准、脱贫成效精准，确保各项政策好处落到贫困对象身上”。我们要在新时期、新要求下与时俱进，坚持“六个精准”，以最大的决心、科学的规划、精确的执行，团结全党全国一切力量，打好这场脱贫攻坚战。

## 第一节 扶贫对象精准，解决“扶持谁”的问题

### 一、核准底数，精准识别

精准识别贫困人口，摸清贫困底细是开展精准扶贫工作的重要前提。按照国家统一的扶贫对象识别办法，在区分不同贫困人口的贫困原因和未来发展需求后，还应科学划分扶贫开发户、扶贫低保户、纯低保户、五保户四种贫困类型。

当前，我国对大多数贫困户的识别标准是收入贫困线，但事实证明，收入不能确保每一位贫困户都被纳入到帮扶体系中，近年来媒体曝出的“被扶贫”现象就充分说明了这点。因此，在进行精准扶贫时，除了设置收入标准外，还应参考其他标准，如住房、医疗、教育等。这就要求扶贫工作者走乡访户，深入到每家每户考察贫困户的住房、衣食情况以及家庭小孩受教育的年限，并利用民主评议、公示公告等方式严格复核。同时，从收入、医疗、教育等角度，对以前年度建档立卡的贫困人口进行再次摸底调查，更新完善扶贫信息网络管理系统，做到“有进有退”“不达标不退”。在核准底数、精准识别扶贫对象后，再对真正贫困的人口建档立卡，以确保在扶贫贫困户名单上的每一户其贫困现状都是真实的。

为了保证扶贫的精准性，将“扶持谁”的问题落到实处，落到每一个确实贫困的人头上，各个贫困地区都做出了有益尝试，其中较为成功的案例是呼和浩特市。呼和浩特市立足于本地的实际情况，制定了与之相应的“摸清底数，精准识别”措施。在对贫困人口的识别中，该市带领着各个旗区县以“三严四准五动员”作为工作原则，确保科学有效地完成工作任务。

“三严”要求当地扶贫工作者一要做到严格按要求办事，依照上级政府的工作通知和文件要求办事。二要严格按程序办事，在开展工作时要先调查，核

准基数，然后对贫困户进行识别，再对识别后的贫困户进行公示公告，最后完成复核工作，对贫困户建档立卡，确定一对一的帮扶措施等规定程序展开。三要严格追究责任。为了提升扶贫工作的成效，要把各地区的“第一把手”作为第一责任人，把其他参与识别工作的基层干部视为相关责任人，做到责任主体明确。在建立了严格的责任追究体制后，可对帮扶人员起到监督作用，调动他们按规矩、按程序办事的积极性。

“四准”的工作原则就是要求相关人员在开展工作时，重点围绕“一看扶贫对象准不准、二看指标数据准不准、三看脱贫需求清不清、四看资金使用准不准”开展核实工作，从对象、数据、脱贫需求和资金使用这几方面来提高识别的精准度。

“五动员”充分体现了当地基层群众在识别工作中的自主作用。这要求扶贫工作者充分发挥已建立的信息系统的识别作用，在此基础上以各旗、各县、各区为单位，组织动员当地基层干部、驻村工作队、帮扶责任人等对所有建档立卡贫困户、贫困村进行全面精准再识别。

## 二、完善系统，建档立卡

完善扶贫系统，对贫困户建档立卡，不仅可以掌握各贫困户的动态变化，更是为了对扶贫工作进行后期的跟进与完善。

对贫困户进行建档立卡工作，可以充分调动基层民众的参与积极性，号召更多的群众参与到扶贫工作中来。在没有能力进行所有农户收入统计的村、乡两级，可以通过群众评议、入户调查、公示公告等举措，让互相知根知底的群众进行民主评议，确保选出真正的贫困户。这样公开透明的举措就等于把贫困人口的识别权交给了基层人民，在科学识别贫困人口的同时也充分发挥了基层民主，真正做到了民主评议与集中决策相结合，合理地、精准地确保每一位真正的贫困人口都进入到扶贫名单中。

每一个有贫困人口的贫困地区都应该及时更新建档立卡系统，完善一对一帮扶信息，将帮扶责任人、帮扶计划准确地录入到精准扶贫系统中，为今后的工作开展打下良好的基础。同时，在建档立卡时，还应将本年度计划脱贫的人口做好详细标注，以便指导后期工作。扶贫系统应由专业人员进行定期维护与检修，保障扶贫系统不会出现重大工作错误与故障而影响扶贫工作进度。

## 三、分析原因，明确目标

精准识别贫困对象是扶贫工作顺利开展的前提。在此基础上，应进一步找准致贫原因，对症下药，真正做到“一村一策”“一户一法”。从全国范围内分析，致贫原因主要有基础设施落后、生存环境恶劣、自然灾害发生、家庭负担沉重（孩子上学，老人生病，身体残疾丧失劳动能力等）。扶贫工作者要逐村逐户地分析原因，并针对这些不同的致贫原因采取精准帮扶的措施。例如：对丧失劳动力的家庭，应给予农村最低生活保障的支持，严格按照相关政策确保贫困户日常生活得以维持；对有劳动能力且愿意付出劳动的困难户，应按照具体的帮扶措施和年度目标，采取发展生产脱贫一批、易地搬迁脱贫一批、生态保护脱贫一批、加强教育脱贫一批、社会保障兜底一批的扶贫方式，有针对性地解决贫困问题。在进行帮扶工作时，一定要明确扶贫工作不是简单地给贫困户送钱，而是要解决他们在技术、市场方面的困难，真正确保这类贫困户能够创收增收。除此以外，还要建立有明确帮扶责任人、可执行的帮扶措施、可达到的年度目标，同时还要有包含帮扶投入、实施过程、实施结果和扶贫对象收入变动在内的结对帮扶台账，让扶贫工作的每一步都有证可查、有迹可寻。

### 四、动态监测，分级管理

对贫困人口进行动态监测和分级管理是以完善扶贫系统，对贫困户建档立卡为前提的。按照中央文件要求，在建立贫困帮扶档案时，要以年度为节点定期对建档立卡的贫困村、贫困户、贫困人口进行全面核查，依据脱贫目标，采取严格的分级管理、动态监测等措施，及时更新档案数据，做到“脱贫出，返贫进”。同时，要清楚地在贫困人口登记卡和扶贫系统中登记好每年脱贫的人口及分布情况。

要保证对贫困人口和贫困地区发展的动态监测，必须要建立畅通交流的工作平台，加强精准扶贫工作的沟通与交流，这样才能及时发现问题、解决问题，提高工作效率。对扶贫工作应实行分级管理，将扶贫责任落实到位，避免出现责任相互推诿的现象。

## 第二节 项目安排精准，解决“怎么扶”的问题

### 一、因地制宜发展特色产业

各地区在区位条件、资源优势和产业基础等方面有所差别，因此在发展当地特色产业时要因地制宜，不仅做到“造血式”与“输血式”救济相结合，更

要根据贫困村镇的实际情况和当地群众的脱贫意愿，设计出一套既能完成短期脱贫任务，又能保持经济可持续发展的产业模式，以此提高当地群众脱贫积极性。扶持当地特色产业的发展，应当充分利用扶贫项目和扶贫资金的引领功能，基于市场需求，尽可能多地把当地贫困人口纳入到产业扶贫链条，包括中长期项目配套设施建设中来。这样才能真正实现短期脱贫与长远发展相结合，避免出现脱贫又返贫的现象。

在发展特色脱贫产业时，由于贫困户的观念、技术、能力和资金等多方面的限制，常常导致贫困人口不能直接受益。针对上述情况，扶贫工作者应当制定可实施的产业扶持发展规划，并做好相关宣传工作，努力获得当地群众的支持。除此之外，还应结合当地实际，坚持宜农则农、宜商则商、宜牧则牧的原则，开发出当地的特色主导产品，使特色产业的发展更具优势，进一步提高其创收能力，使之对当地经济有更大的贡献。

要想将贫困户纳入到现代市场经济的链条中，就要转变农户的守旧观念，同时解决他们在技术、资金、市场方面的困难。广西壮族自治区南宁市邕宁区的穷山乡为此做出了十分有借鉴意义的探索。在一年之内，该贫困乡村有17 059人成功脱贫、17个贫困村脱贫，贫困发生率由8.3%下降到2.8%。这些数据有力说明了因村施策、大力发展特色产业在推进精准扶贫中的重要作用。

在当地扶贫工作者的指导下，邕宁区依靠优良的自然资源发展了苗木基地、中草药种植、孔雀养殖等特色产业。仅苗木基地就占地2 300余亩[①]，带动周边21个村、3 000名多农民参与，实现劳务收入120万元，原来的荒山经过科学治理之后竟然变成了村民的“招财山”。这样可喜的变化极大地鼓舞了当地农民，不少原本外出打工的年轻人也愿意借助政策优惠在家乡自主创业。由返乡创业人周天森建立的孔雀养殖基地吸引了不少村民参与，而当地帮扶工作者则负责为养殖基地提供一系列的技术指导和资金融通服务。就目前情况来看，共有35户贫困户参与孔雀养殖，每户养殖30只左右，按照市场估价来计算，每户人口每年可增收1.6万～3万元。这样一来，村民们也逐渐告别了那些贫穷的苦日子。

借鉴邕宁区成功的实践经验，政府还可以号召更多有劳动能力且劳动意愿强烈的扶持对象积极自主地申报实施产业扶贫项目，当地帮扶部门应为此提供相关信息、先进技术、帮扶服务等，做到因地制宜、因户施策，使得帮扶工作更具针对性和科学性。与此同时，应充分发挥产业扶贫资金的扶持作用，将这类资金投入到农民能直接受益、稳定增收的产业中，如特色养殖业、农产品种

① 亩为非法定计量单位，1亩≈667米$^2$。——编者注

植业、农产品加工业等。这类产业的发展既能调动农民参与自主脱贫工作的积极性，又能促进我国农业的发展。

就当前情况来看，我国农村地区仍然广泛存在着基础设施不完善、产业体系不健全的问题，因此在扶贫的同时还要大力建设当地产业基地的基础设施，使之在未来能对贫困户的增收起到更大的带动作用。

## 二、构建产业发展带动机制

构建完善的产业发展带动机制，既能为当地产业发展打下牢固基础，同时又能为脱贫工作的顺利进行提供重要保障。应围绕建档立卡贫困户统筹安排使用资金，重点扶持能带动贫困户创收增收的组织，如农民专业合作社、村集体经济组织，带动贫困户创收增收。可以把公司、合作社和贫困户三者有机地结合起来，转变原来单一的发展模式，引导承包土地的群众积极向专业种养、家庭农场、农民合作社等组织化水平较高的项目转变，让贫困户因此获得更多的财产性收入。

龙头企业的发展对于扶贫工作的进行有着重大意义。在扶持期内，龙头企业可在当地发展特色农业，促进农业产业化。同时，一些劳动密集型的企业更能吸引一大批失业的贫困人口重新就业，从而为农民提供增收平台。正是因为龙头企业的“引导性”作用，因此政府应分清主次，抓住主要矛盾，重点扶持那些对当地脱贫工作做出杰出贡献的龙头企业，在用于精准扶贫的财政资金之外，给予其必要的资金、技术支持。以餐饮企业为例，餐饮业的原材料大部分来源于初级农产品，与扶贫工作有着很大的关联性。因此，从产业扶持政策上，应加大对这类企业的扶持力度，以实现生产与市场相联结，引导农民生产适销对路的农产品，提高种养殖业的经济效益。

除了对龙头企业进行扶持外，也不能忽视集体性的创收组织。政府还应加大对农民合作社、农村集体经济组织等的扶持力度，带动更多的贫困散户增收。

# 第三节 资金使用精准，解决“钱怎么用”的问题

扶贫资金是扶贫开发工作的血脉，承担着保障贫困人民基本生活、助推精准扶贫工作顺利开展的重要任务，扶贫资金能否得到有效的管理和运用，切实关系到农村扶贫工作的开展能否富有成效。提高扶贫资金的有效性和针对性，

要求扶贫工作者对财政扶贫资金的每一个运行环节，如使用对象、资金分配、方向选择、监督机制等，做出严格考核，在做出科学的比较和分析后，应尽力完善相关机制，使扶贫资金的使用更具计划性、精准性、有效性，让有限的资金创造更多的收益。

## 一、精准拨付

在增强县级统一使用财政扶贫资金的自主性时，还应避免其随意使用，应做到科学预算，严格按照政策规定办事。在精准识别扶贫对象的基础上，建立科学有效的资金使用制度，合理运用各项措施，保证扶贫资金的拨付既精准又及时，真正做到把钱用在刀刃上。可以设立专门的扶贫账户，实现专款专用，且保证资金的使用对象必须是贫困地区和困难群众。

2016 年，仅甘肃省就下达了第一批中央专项扶贫资金 30.19 亿元和省级专项扶贫资金 4.9 亿元。这些扶贫资金是贫困群众的“保命钱”，也是扶贫工作有序开展的命脉。作为资金使用的计划者、帮扶工作的具体执行者，各级政府应该主动承担责任、积极作为，做好相关的预算编制，不浪费每一分“救命钱”，从预算、执行、监督、绩效等多方入手，全方位强化专项扶贫资金管理，将资金投入到交通、住房、医疗、教育等关系民生的方面。只有集中投入才能精准发力，才能在有限的时间内解决贫困人民密切关心的生存难题。

## 二、有效利用

因地制宜，保证自然资源与经济资源的有效利用。搭建以扶贫攻坚规划和重大扶贫项目为主的资源集合平台，将扶贫资金与自然资源等各类资源整合起来，统筹安排，集中力量办大事，以更大的合力去解决扶贫工作中“老大难”的问题。此外，在市场经济的背景下，应当充分调动一切经济资源，探索出扶贫开发的新模式、新思路、新方法。例如，除政府购买社会服务外，金融机构、民营企业都能参与到扶贫开发的实践中来，通过专项体制机制创新与扶贫资源的有效使用进行无缝对接，从而达到优化各项扶贫资源配置、促进扶贫项目高效推进的目的。

在政府投入大量的资金进行扶贫开发的同时，必须要对资金的使用进行跟踪调查，对资金的使用进行严格规范，确保每一分钱都确确实实用在扶贫工作之中，保证经济资源的途径使用在扶贫上，自然资源的使用符合绿色发展的发展理念。

### 三、严格监管

按照“项目跟着规划走，资金跟着项目走，监督跟着资金走”的原则，严格监管各项扶贫项目，制定清晰明了的精准扶贫标准及工作程序。在实施项目时，要严格按照规矩办事，不违规、不越矩。

各级政府及财政相关部门要联合审计、纪检等部门，构建起多方共同监管的督查体系，在项目实施过程中加强对财政扶贫资金和扶贫项目的监督管理，不仅要建立起一套细致的精准扶贫项目台账，更要将监管覆盖到申报、立项、审批、资金拨付及项目实施、验收等环节，实现对扶贫项目的全面监管，确保财政资金的投入切实有效，让各种想要从财政资金里分一杯羹的违纪行为都无处藏身。

要严格根据资金管理实施办法办事，强化“专人化管理、专门化核算、专一化款项”的原则，确保扶贫资金紧跟项目走。对于项目招投标、预算审批、财务资料等的核查应确保资料的完整性和合规性，审查不通过的项目坚决不拨付资金。严格财务管理，设立专门的资金核算和管理账户，要求购买大宗建筑材料及设备时不允许代开发票，工程款项必须直接支付给承包商，不能直接转入个人账户。严格资金拨付，加强对扶贫资金事前、事中、事后的管理和控制，一旦发现套现、虚报、冒领、挪用等违法行为要严厉查处。

与此同时，应当完善资金项目公示公告制度，让扶贫资金在阳光下运行。要想确保资金安全、规范的运行，就必须强化外部监管，严守扶贫资金管理使用的底线，在外部建立起一套常态化、多元化的监督检查机制，一旦发现有贪污、受贿、挪用财政资金等一系列损害公共财产的违法违纪行为，坚决秉公执法，绝不姑息，以此确保资金安全、规范运行。

在新形势下，要想为精准扶贫工作交上一份满意的答卷，扶贫工作者更应该倾听困难群众的心声，了解他们的诉求，在此基础上“对症下药”，从而使资金的使用更具科学性、精准性和高效性。只有当扶贫资金最大限度地发挥自身作用时，它才能成为贫困群众的“保命钱”、精准扶贫的“助推剂”、农村经济社会发展的“催化剂”。让我国改革开放以来的更多成果惠及越来越多贫困地区的人民，才是扶贫工作目标真正的价值体现。

## 第四节 措施到户精准，解决“路怎么选”的问题

扶贫对象的贫困情况和致贫原因千差万别，要真正做到精准帮扶，确保扶

贫措施落实到户，就要摸清不同贫困对象的底数，找准致贫原因，继而制订具体可实施的帮扶方案，重点解决“路怎么选”的问题。对国家而言，更要认清现实，分清主次，立足不同地区贫困情况的差异，转换发展思路，实事求是地制定符合当地实际情况的发展规划。在落实到户的过程中，采取严格的追究责任制，做到不脱贫不罢休。根据习近平总书记的指示，在解决“路怎么选”的问题时，要按照贫困地区和贫困人口的具体情况，做到帮扶干部到户、帮扶政策到户、帮扶措施到户。

## 一、帮扶干部到户

选派一批思想好、作风正、能力强的优秀干部到基层指导扶贫工作，既能保证精准扶贫工作有序展开，又能让年轻的干部在实践中得到锻炼，充分体现了我党“全心全意为人民服务”的宗旨。2014 年以来，各级党委政府在中央的指示下，积极开展帮扶干部的选派工作。目前，全国共选派驻村工作队 12.8 万个，选派帮扶干部 48 万多人，尽可能保证全国每一个贫困区都有相应的帮扶干部参与扶贫工作，让他们成为加速贫困人口脱贫的“催化剂”。

帮扶干部要明确四大责任：①做好基层宣传工作，积极宣传党和政府的各项扶贫政策，帮助人民群众树立“我要脱贫”的信心；②做好组织指导工作，与当地村委干部一起组织开展建档立卡、制定脱贫规划等各项扶贫工作，帮助贫困地区增收创收，早日实现精准脱贫；③做好协调落实工作，特别是协调好扶贫资金的使用，把钱用到刀刃上，让扶贫资金充分发挥效益，成为贫困人口摆脱贫困的“助推剂”；④做好监督检查工作，在扶贫项目实施期间，驻村干部应当督促各项工作认真落实，资金使用合法合规，避免各种损害国家及人民群众利益的违法行为发生。

## 二、帮扶政策到户

帮扶政策到户是指通过统筹运用和集成落实好帮扶政策措施，确保每一户贫困人口都能够享受到各项惠农政策。这就要求当地政府要在充分考虑贫困地区实际贫困情况的基础上制定扶持政策，因人、因户、因地制宜，找到适合当地发展的特殊路子。扶贫开发特惠政策具体包括贫困户差异化补贴、生态补偿脱贫、产业扶贫、企业扶贫、贫困户小额贷款、保险扶贫、以工代赈等多项涉及困难群众生活方方面面的政策。各村第一书记应扮演好脱贫攻坚第一责任人的角色，亲自督促帮扶政策精准到户，让各项强农惠农普惠政策、扶贫开发特惠政策、行业部门和社会力量帮扶优惠政策精准落实到扶贫对象身上。只有让每个贫困户都得到有效扶持，获得实实在在的好处，才能极大增强贫困群众的幸福感，提升他们对帮扶工作的满意度。

### 三、帮扶措施到户

帮扶措施到户是指针对贫困人口贫困情况和致贫原因的不同，分类确定帮扶措施，确保每一项帮扶措施精准到每一户、每一人。在推行帮扶措施到户的进程中，各贫困地区创新思路，不断寻找新方法，使得精准帮扶不再是一句口号。

以云南巍山县牛街乡为例，在开展脱贫攻坚工作中，牛街乡坚持以实际情况为导向，实事求是，大力推行村级分析、入户核实、形成分析报告、整改落实四个步骤的帮扶措施到户分析法。村级分析是指对已经建档立卡的贫困户逐户分析，重点分析每户的收入情况、住房情况，以考察帮扶措施的落实情况。入户核实是在完成村级分析后，就分析结果与贫困户面对面地交谈，评估分析结果是否准确有效。形成分析报告是在完成上述两项工作后，根据评估结果形成村级、乡级的报告，在报告中明确指出问题，制订好切实可行的整改计划。最后一步是整改落实，召开专门的扶贫工作会议，把开展工作中遇到的问题摆上台面，分析脱贫工作在易地搬迁、基础设施建设、产业发展等多方面存在的问题，进而依据问题找方法，推动扶贫工作迈上新台阶。

## 第五节 因村派人精准，解决“谁来扶”的问题

政府在扶贫工作中扮演着不可或缺的重要角色，推进脱贫工作就要求政府更好地发挥组织、协调、领导的作用。上到中央，下到地方，各级党政领导都要承担起脱贫攻坚的重任，真正做到将责任落实到人。加快建成完善的扶贫开发工作机制，由中央统筹、各省（自治区、直辖市）配合，形成自上而下的合力，既做到分工明确、责任明晰、专人专项，又能团结合作、协调运转。

贫困村第一书记作为前线的扶贫工作者，其选拔与选派关系着扶贫工作的最终成效，因此，要建立起一系列严格的用人考核制度，确保“因村派人精准”。第一书记的人选具有多样性，从优秀的大学生村官、创业致富的企业家、返乡农民工到各级机关的优秀干部、后备干部、国有企事业单位的优秀人才，不同社会背景的人才可以适应不同贫困地区的需求。除此之外，还可引入在种植业、农村金融、专业技术等方面有着卓越才干的优秀人员，给予其项目、资

金、政策、技术等方面的扶持，使其充分发挥“领头羊”的作用，给贫困地区经济注入新的活力。

2015 年 4 月，中央组织部、中央农村工作领导小组办公室、国务院扶贫开发领导小组办公室印发了《关于做好选派机关优秀干部到村任第一书记工作的通知》。该通知深入贯彻落实习近平总书记关于大抓基层、推动基层建设全面进步和精准脱贫等重要指示精神。通知强调，在对选派优秀干部到村任第一书记时，要重点关注党组织软弱涣散和建档立卡的贫困村，并将其纳入到选派第一书记的重点范围中。关于选派第一书记的人选，最基本的要求是有较高的政治素质、工作能力强、实干经历丰富、身体条件良好等。作为第一书记，其主要的职责是接受乡镇党委领导，依靠村党组织，密切联系群众，在认清当地发展现状后，带领村民自主开展一系列脱贫工作。中央要求各级党委高度重视对第一书记的选派工作，应由各级党委牵头，农村工作办公室、扶贫移民局等相关部门紧密配合，共同做好协调指导工作，既要制定好涉农、扶贫等相关政策，又要对扶贫工作者（特别是贫困村第一书记）开展技能培训，加强业务指导。在设立专门的第一书记工作经费、加大对这类扶贫人才的帮扶力度的同时，又要防止形式主义，避免扶贫工作空有其表而无其实。应当告诫所有的扶贫工作者，无论在脱贫攻坚的哪一个环节都要做到求真务实，实事求是。

在实践中深入贯彻精准扶贫的会议精神，高效完成“因村派人精准”的工作任务，全国各贫困地区依据不同的现实情况制订出了不同的派人方案。

以甘肃省武山县为例，该县在开展工作时，为了做到帮扶干部资源的分配合理、优化利用，采取将“三个确保”进行到底的措施。

1. **确保全面覆盖**　由科技特派员、挂职干部、基层干部、大学生村官组成的扶贫小组将实现贫困村、贫困户帮扶人员全覆盖。

2. **确保选派精准**　在选派前做好充分的调研工作，熟悉每个贫困村的村情。对那些党组织涣散的村要选派熟悉党务的干部，对群众产业意识薄弱的村要选派懂产业、懂经济的干部，对那些群众之间矛盾突出的村要选派懂法律有丰富群众经验的干部。这样有针对性的选派可以让驻村干部充分发挥自身优势，对贫困村起到最大限度的帮扶作用。

3. **确保管理到位**　实施严格的基层干部考核制度，将要考核的内容和指标细化、量化，并将考核结果计入干部档案，作为以后选拔、升迁的重要考察依据。

据悉，武山县自实行“因村派人”以来，驻村干部已先后组织召开各类座谈会 410 多场次，走访慰问困难群众和党员 3 480 多户，代办便民事项 940 多件，协调落实帮扶资金 780 多万元，落实各类为民实事 330 多件。当地群众对驻村干部的帮扶工作给予了高度认可，增强了基层群众对人民干部的信赖度。

## 第六节 脱贫成效精准，解决“如何退”的问题

精准扶贫，精准是措施，脱贫是目的。对于已经脱贫的农户要完善最终验收程序，使每一户达到退出标准的贫困户都能精准有序退出。具体的验收方式可包括但不限于入户调查、群众评议等，以上措施实行的目的在于精准识别已脱贫的户和人，让脱贫户早日摘掉贫困帽。

从贫困县的角度来看，要解决“怎么退”的问题，首先就要制定出详细的脱贫时间表。该时间表应与我国全面建成小康社会、实现伟大中国梦的进程相一致，真正做到扶贫工作为中国梦服务。按照时间表的要求，及时拟定退出程序，构建退出机制，保证退出工作的有序展开。其次，扶贫工作切忌急功近利。政府应留出足够长的缓冲期给摆脱贫困的地区，有利于该地区进一步提升经济的可持续发展能力，避免出现脱贫又返贫的现象。最后，制定明确的摘帽标准和程序。实行严格的评估政策也是确保精准退出的关键环节，扶贫工作者只有按照相关政策和标准开展验收工作，才能提高扶贫工作的可信度，使脱贫真正富有成效。

从贫困户的角度来看，要解决“怎么退”的问题，首先要完善动态管理机制，对建档立卡的贫困户实行“逐户销号，脱贫到人”。贫困户一旦通过脱贫验收，就应对其进行销号。相反，对于那些脱贫又返贫的贫困户要重新建档立卡，纳入到贫困户管理中。脱贫工作有进有出，真实可靠，才能得到人民群众的认可和拥护。其次，对于已经脱贫销号的人口，不能“一刀切”地认为他们永久性地脱离了贫困，应当对这些人口进行一段时间的追踪调查，确保每一户人口都能取得持续稳定的收益，尽可能缩小他们返贫的可能性。

革命老区的脱贫攻坚工作具有特殊性，老区人民为中国革命事业所做出的巨大牺牲和重要贡献值得每一位中国人铭记。党的十八届五中全会指出，要打赢脱贫攻坚战，如期实现全面建成小康社会的宏伟目标，就必须把革命老区的脱贫攻坚工作摆在重要位置。2015 年 12 月，党中央、国务院印发《关于加大脱贫攻坚力度支持革命老区开发建设的指导意见》（以下简称《指导意见》），提出革命老区开发建设与脱贫攻坚的总体要求、工作重点、主要任务等。在当前及今后的脱贫攻坚时期，应深入贯彻扶贫开发工作会议和革命老区开发建设座谈会精神，将《指导意见》提出的新要求落到实处，使老区人民早日共享到祖国改革发展的红利。就目前现状来看，不少革命老区由于地处偏远地区，常年遭受自然灾害，仍然存在着经济发展水平低下、基础设施建设

落后、人民生活水平不高、农村贫困人口众多等一系列问题。这就要求各级政府和相关扶贫部门要增强责任感，以极大的热情投入到革命老区的扶贫工作中去，为促进老区发展、提高当地人民生活水平贡献力量。同时，老区人民也应该团结一致，紧紧依靠各级政府的领导，充分发挥主观能动性，争取早日脱贫摘帽。

# 第六章 “五个一批”与精准扶贫、精准脱贫

2015年11月27日，中央扶贫开发会议在北京举行。这表明精准扶贫作为脱贫工作的基本方略得到了党中央以及全国人民的高度关注。习近平总书记在会上强调：“脱贫攻坚的冲锋号已经吹响，为了确保在2020年所有的贫困地区和贫困人民都能如期脱贫，一起迈向全面小康的新时代，全国人民要团结一心，以愚公移山之志，咬定目标，苦干实干，坚决打赢这场脱贫攻坚战”。

会议还深入讨论了在脱贫攻坚的新时期，如何转变原先僵化的脱贫思路，以创新的方法、有效的机制，在时间紧、任务重、资源有限的艰难条件下，不负人民众望，圆满完成脱贫任务。习总书记指出，要想提升脱贫成效，就要找准路子、迈开步子，突破原来的传统模式，构建起新的扶贫机制，着力解决好“怎么扶”的问题。扶贫措施是否精准有效、是否具有科学性，事关扶贫工作的质量和效益。为深入贯彻扶贫开发会议的精神，改变现行的扶贫思路，变“大水漫灌”为“精准滴灌”，变“输血”为“造血”，党中央要求各地相关扶贫部门，按照贫困地区和贫困人口的具体情况，实施“五个一批”工程。

1. **发展生产脱贫一批** 在自然资源丰富，人民具有劳动能力且劳动意愿强烈的地区，将扶贫工作者的引导作用和当地群众的自主作用结合起来，帮助当地人民就地脱贫，让所有有劳动能力的人能够靠自己勤劳的双手富裕起来，创造经济更好发展、人民更加幸福的新家园。

2. **易地搬迁脱贫一批** 对于那些本地资源不丰富、发展较为困难的地区，要引导贫困人口变“就地脱贫”为“易地搬迁”。当地扶贫工作者要制订详细的搬迁计划，做到按规划、分年度、有计划地组织实施搬迁工作。组织当地群众向附近村部集中，或者把精准扶贫与城镇化建设结合起来，引导人民往资源更丰富、基础设施更齐全的城镇集中。除了在农村进行危房改造外，还可以把乡镇闲置的土地有效地集中起来进行保障性住房建设。这样不仅可以优化城市布局，还能在建设过程中吸引一大批贫困人口就业，从而提高贫困人民的收入水平，以确保每一户贫困人口都能搬得出、稳得住、能致富。

**3. 生态补偿脱贫一批** 为了增强当地贫困人民的幸福感，应加大对贫困地区生态保护的修复力度。政府可增加对当地的转移支付支持力度，构建起重点生态功能保护区，让有劳动能力的当地贫困人口就地转成护林员等生态保护人员，解决他们的就业问题，在建设贫困村生态文明的同时促进贫困人民的增收。

**4. 发展教育脱贫一批** 教育是关系国计民生的大事，古有“少年强则国强，少年富则国富”，今有“治贫先治愚，扶贫先扶智”。这说明要想真正地摆脱贫困，国家要将教育经费继续向贫困地区倾斜，改善他们的办学条件。为了保障每一位适龄儿童受教育的权利，政府还应投入更多的教育经费去发展贫困地区的基础教育，给予那些农村贫困家庭的孩子（特别是留守儿童）更多的关爱和补助，以减轻他们的家庭负担。

**5. 社会保障兜底一批** 财政扶贫资金是贫困人口的“救命钱”，对那些完全或部分丧失劳动能力的贫困人口，政府应健全社会保障体系，统筹协调农村扶贫标准和农村低保标准，保障他们基本的生活权利。同时，为了让他们“老有所养，病有所医”，还应加强其他形式的社会救助，如医疗保险和免费医疗救助。

“五个一批”工程的实施，是党中央对扶贫工作转变思路、创新方法的深刻体现，也说明我国的扶贫开发理念已经从“救济结合”到“产业推动”，从“大水漫灌”到“精准滴灌”，从“各自为政”到“上下结合”。在扶贫新时期开创新的工作模式将极大提升我国精准扶贫的效益，确保在2020年圆满完成攻坚任务，向人民群众交上一份满意的答卷。

## 第一节 实施发展生产脱贫一批

在对贫困地区的贫困状况、贫困人口、致贫原因进行摸底调查后，应根据不同地区的实际情况，实事求是地制订帮扶计划。对那些具有丰富耕地资源、森林资源、劳动力资源但是缺少资金扶持及技术人才帮扶的贫困地区，要充分利用好当地资源，因地制宜地引导人民就地脱贫。在这样的贫困地区，要把脱贫攻坚的重点放在完善基础设施建设、改善生产生活条件上。同时，加强对当地人员的技能培训，让他们摆脱过去“重农抑商”的小农思维，使之适应市场经济的发展要求。除此之外，要发展生产脱贫，还要解决好基础工程项目入村入户“最后一公里”的问题。只有当地的项目发展好了，当地的特色产业能够创造经济利润了，才能让贫困地区的农民不再远离故土去外地务工创业，这也在很大程度上解决了“留守儿童”和“空巢老人”的社会问题。

各地在“发展生产脱贫一批”的工作中涌现出不少优秀的典型，这里以贵州省雷山县为例。雷山县为山地地带，交通不便，自然条件不利。在扶贫开发的工作中，该县深入贯彻“经济与生态文明两手抓”和“既要金山银山，又要绿水青山”的理念，牢牢守住生态和经济这两条底线，找到了一条极具现代山地地区特色的高效农村发展模式，以四打组合拳的方式，发展生产脱贫一批，科学有效地进行扶贫开发工作。

第一拳，认准目标，逐个击破。该县认真贯彻中央、省、州有关精准扶贫和农业发展的会议文件精神，确立了带动县级农业产业发展、帮助贫困人民高效脱贫的清晰目标。在这个大目标的指引下，充分整合各项人力、资金、技术资源，找准农民收入单一、教育医疗水平低下、产业发展落后、基础设施不完善等突出问题，集中力量，各个击破。

第二拳，因地制宜，特色突出。在理清本地区的发展思路后，立足该县在气候、生态、区位等方面的优势，大力开展“六个十万工程”，推进特色产业的发展。这使得该县在茶叶、特色养殖业、水稻种植和马铃薯等优势产业上获得极速发展，贫困人民也因此扩宽了收入渠道，生活条件得到改善。

第三拳，强化科技服务，助推精准扶贫。经过实地调研，发现该县存在着大量闲置的土地资源，其他农业资源也没有得到充分利用。为了变“输血式”扶贫为“造血式”扶贫，激发当地农业经济发展的潜力，该县加强了对当地农民的农业实用技术培训，不断提升广大农户应用科技的能力，使农业产业的发展更有效益。同时，为了解决贫困地区信息不畅通的问题，政府积极发挥提供公共服务的职能，为当地的农户提供便捷、真实、有效的农业信息，指导他们走好自主脱贫的产业发展之路。

第四拳，培育农业载体，促进产业发展。各类农民专业合作经济组织的发展使分散的农民走上了组织化的道路，但是这类组织常常受到管理人员知识水平不高、资金不足等问题的限制。为了进一步推进合作经济组织的规范化建设，该县积极推进对各类农民专业合作经济组织的登记指导工作，使之更好地为农民创收增收服务。积极引导“合作社＋企业＋农户”新型链条模式在贫困地区的发展，以解决农产品市场需求不足的问题，让外销带动内产，在搞活我国农业经济的同时，也使农业资源得到高质量的运用。

农业的发展不仅是国之根本，也是农村人民如期脱贫的重要保证。因此，在走“发展生产脱贫一批”的路子时，将高新技术、农业研究人才投入到基层农业中的最终目的就是要保证农业生产水平稳定提升、劳动生产率得到极大提高，不断拓宽农民增收的渠道，从原来单一的劳动收入或补助性收入，转变为经营收入、工资性收入和财产收入相结合，打牢精准脱贫的根基。

## 第二节　实施易地扶贫搬迁脱贫一批

我国国土面积大，人口众多，各地资源状况参差不齐。这些因素制约着我国经济的平衡发展，也给扶贫工作带来了新的难题。在中西部地区，不少贫困人口处于自然条件恶劣、灾害频发的贫困山区。受这些客观因素的影响，在该地进行通电、通路、通气等基础设施建设成本高，要耗费大量的人力、物力和财力，从经济上考虑，这样传统的资金扶贫效益较低。同时，我国西部地区的生态环境较为脆弱，受到人为破坏的影响较大。因此既要做到改善群众生活条件，又要阻止生态环境的日益恶化，实施好易地搬迁政策就显得尤为重要。

2016 年 9 月，国家发展和改革委员会印发了《全国“十三五”易地扶贫搬迁规划》，该规划给我国新时期的扶贫工作提出了新要求，即要在 5 年内，对已经建档立卡的 1 000 万贫困人口完成易地扶贫搬迁工作。这就要求各级政府、扶贫部门要创新搬迁管理机制，明确政策执行的主体、政策作用的对象、管理服务的运行程序，找到切入点，从根本上提升易地搬迁的脱贫效益。

### 一、地方政府提升政策运用能力

中央分析了全国目前贫困地区的实际形势，站在全国的角度对易地扶贫搬迁工作做出了战略性、普遍性的决策部署。各地区在实际执行相关政策时，应当在中央的要求下，找到本地区的特殊性，实事求是来解决现实中的难题。例如，在一些中央文件只给出了大概方向而没有给予具体规定的情形下，各级政府应当提升对政策的实际运用能力，既要守住基本的政策底线，但也不能“死脑筋、一刀切”，要用活、用好搬迁政策，使之真正为当地贫困人民服务。要想提升政府对政策的运用能力，首先要开展细致的调研工作。所谓实践出真知。针对部分地区在易地扶贫搬迁工作中出现的不同问题，相关部门只有在调研中充分调查、深入了解，才能真正提升根据现实情况运用政策的能力。其次，要规范决策程序，提升决策的科学化水平。在制定本地区的易地扶贫方案时，政府应当团结好其他相关部门，并且邀请一些在社会工作方面有着丰富经验的专家学者，形成“智囊团”，确保决策具有较高的科学化水平。最后，要加强监督，提升项目督查力。政策出台后，各级政府和相关部门应当做好政策和各项会议精神的宣讲、培训工作，加强政策执行各环节的督查督办，打通政策落地的“最后一公里”，提升政策执行能力。

## 二、搬迁农户提升自主发展能力

远离生活了几十年的故土，来到一个人生地不熟的陌生环境，不少农户对此表现出了不同程度的担忧和焦虑。对于人民群众的这种担心，当地扶贫搬迁人员应当给予充分的理解和尊重。同时，针对农户提出的，如不适应高层楼房生活、不适应城市休闲活动等问题，帮扶人员除了要时刻为他们解决一些生活问题外，最关键的一点还是要调动农户自我发展、自主改变的积极性。

**1. 加大资金的扶持力度** 多组织一些面向年轻一代农户的创业、就业培训课程，引导他们尽早适应新的生产方式，早日参与到市场经济的生产活动中来。同时，可调动社会的其他资源，为易地搬迁有劳动能力且劳动意愿强烈的农民提供工作岗位，让他们尽早适应全新的生活和工作环境。

**2. 完善小区的基础设施建设** 针对没有劳动能力的老人，在小区里设立居民文化休闲中心，引导他们转变传统观念，在新的土地上去体验耳目一新的生活环境和丰富多彩的娱乐活动。

**3. 解决好适龄儿童易地上学的问题** 在原来的贫困地区，不少家庭都是父母外出打工，留下孩子与爷爷奶奶同住，这些留守儿童的教育情况不容乐观，甚至出现了很多适龄儿童没有接受义务制教育的情况。实施易地搬迁后，要对搬迁农户的子女做好就近入学的安排，确保每一户人家的每一个孩子都能接受教育。

**4. 加强搬迁户小区的宣传科普工作** 可以采取设立宣传教育栏、入户访谈、专家座谈等多种形式，向搬迁户宣传现代小区健康文明的生活方式和生活习惯，帮助他们提早养成适应现代社会发展的良好健康的生活方式和习惯。

除了上述 4 条以政府帮扶为主的措施外，还可以大力发扬基层民主。在搬迁户小区成立“居民委员会”，实现搬迁群众的自我管理、自我提升和自我发展，政府可委派专员进行监督和指导。居委会可自行制定适合当地实际情况的规范性约束条款，用条例、规章制度等方式约束居民不正当的行为，同时对邻里之间的小矛盾做出调解。这样，从政府到基层可以由上自下形成合力，共同推动易地扶贫搬迁工作的圆满完成。

在“十三五”的新时期，将“实施易地扶贫搬迁脱贫一批”纳入到精准扶贫工作中，就要做到坚持脱贫工作与新型城镇化建设相结合，从根本上解决困难群众的生计问题。同时还要在群众自愿的情况下对贫困地区建档立卡的贫困人口实施易地搬迁工程。政府作为搬迁工作的主要领导者，应当加大资金投入力度，创新投融资模式，完善后续相关的扶持政策。为了确保搬迁脱贫的效益，还要做好搬迁成效的考核工作，以确保远离故土的群众能够尽快适应搬迁地的环境，在另一片资源丰富的土地上安居乐业。

## 第三节　实施生态补偿脱贫一批

对于人类生活条件差但生态系统极为重要的地区，应采取“生态补偿脱贫一批”的帮扶措施。建立并完善相关的生态补偿机制，既要做好对生态薄弱地区的环境保护和修复工作，又要确保当地贫困地区的贫困户能增加收入，如期脱贫。一方面，扩大“生态补偿脱贫”政策的实施范围，政府应当拨付专项资金用于支持重点生态功能保护区的生态保护和治理工作，加大对遭受破坏功能区的修复力度。同时，依据国家生态保护区管理体制改革的要求，可以让一部分有劳动能力的当地贫困人口就地就业，成为护林员等生态保护员。政府从环境保护资金中分配一部分资金给予贫困人员，充当其劳动报酬。这样一来既实现了对生态系统的保护，又使得贫困人口能够从中获得稳定的工资收入，提升其生活水平。另一方面，在贫困地区扩大退耕还林、退耕还草的范围，适当给予当地贫困农户一些补偿性收入。

具体来讲，要实施好“生态补偿脱贫一批”就要做到“六管齐下”。

1. **完善生态资产产权制度**　生态资源在进行“企业化”的治理之后，其产权与自然资源有较大区别。其所有权有可能归私人所有，或者是划归公有与私有相混合。只有明确生态资产的产权，保证生态治理主体拥有使用土地、建设、经营生态资产的权利并能够据此获得预期收益，才能吸引社会企业投资到周期长、见效慢的生态治理产业中。

2. **建立贫困地区生态补偿基金**　生态治理产业的发展离不开必要的资金支持，政府应当拨付一部分财政扶贫资金作为垫资，同时整合社会其他资源，拓宽资金的来源渠道。可以通过国际环保组织、国内外企业、民间组织及个人社会捐赠等渠道来筹措资金，建立起贫困地区生态补偿专项基金。

3. **实施政府购买贫困地区生态公益林制度**　各级政府要充分发挥提供社会公共服务的职能，按照透明的财政程序向个人或企业购买生态治理产品，从而促进当地居民或者企业实现增收。

4. **制定区域生态建设面积交易制度**　交易制度是指那些经济相对发达但是生态公益林面积太小的地区向生态公益林面积富裕但是经济贫困的地区购买生态林，以增加贫困地区农民的收入。各地区可以根据当地确定的生态建设面积目标和任务，确定各区县所负责的生态公益林面积，做到分工负责，提升效益。

**5. 建立生态资产价值评估和核算体系** 生态资产是一种无形资产，其价值难以评估。因此要建立起具有科学性的资产价值评估体系，确定好生态资源的市场价值，在此基础上进一步完善贫困地区生态建设补偿制度。

**6. 调动基层群众广泛参与生态建设的积极性** 生态补偿制度虽然主要由政府牵头，但是由于政府资金有限，想要圆满完成脱贫任务仅靠政府出力显然不行。生态补偿涉及政府、贫困户、企业等多个主体，想要真正实现好“生态补偿脱贫一批”，就要调动基层群众广泛参与生态建设的积极性，协调好各方利益，加强多方监督。

## 第四节 实施发展教育医疗脱贫一批

### 一、教 育

教育是民生之本，教育的发展关系到贫困地区未来能否进入“知识经济时代”，提升其利用文化、技术资源自主发展经济的能力。接受教育是每个适龄儿童应享受的基本权利，而大力推进贫困地区的教育发展有助于提升国民素质。因此，在精准扶贫的进程中要坚持“治贫先治愚，扶贫先扶智”的原则，建立专项扶贫教育资金用于推动贫困地区教育事业的发展。

**1. 增加经费投入，扩大帮扶范围** 教育包括了学前教育、中学教育、职业教育等多个方面，教育事业的全面发展离不开完善的基础设施和良好的办学条件的支持。因此，政府应当将经费更多地投入到办学条件差、师资力量薄弱的地区，利用财政扶贫资金优化学校布局，新建、改扩建一批住宿条件较好的寄宿制学校，解决部分学生家与学校距离过远的问题。

**2. 向贫困地区输送教育人才，增强师资力量** 想要从根本上解决贫困地区教育质量不佳的问题，仅仅依靠良好的硬件设施显然是不行的。在此基础上，还要加强对贫困地区人才的培养，在全国范围内调动一切社会力量，号召有知识、有文化、乐于奉献的高素质人才到祖国偏远的贫困地区支教，用自己的力量帮助那些渴望知识的孩子们感受知识的力量。

**3. 完善贫困地区教育资助制度，关爱家庭困难的儿童和没有父母陪伴的留守儿童** 针对贫困地区出现的“上学难、上学贵”的问题，政府要将发展教育脱贫与全力推进“希望工程”“雨露计划”“春蕾计划”等工程结合起来。扶贫工作者要深入到每一户贫困户家中，调查家里是否有因为经济困难而上不起学的情况。在九年义务制教育的基础上，针对建档立卡的贫困户子女实行“12年义务制教育”，免除他们高中教育阶段的学杂费。同时，对那些未能考取普通高中而选择接受普通职业教育的学生也给予免除学费的优惠，使每一位家庭的子女都能有接受教育的机会。

**4. 提升教育精准扶贫的科学性，做到定人定户扶贫** 要将“发展教育脱贫一批”与建档立卡的每一户贫困户对应起来，做到“定人定户”帮扶。对这些贫困户子女要给予从入学到毕业就业的全程资助、全程扶持。“少年强则国强，少年富则国富”。贫困地区年轻人科学文化水平的提高必将带动贫困地区的永久发展，因此，无论从国民素质提升的角度还是从促进贫困地区经济发展的角度来看，实施“发展教育脱贫一批”都是我国在新时期、新形势下为打好精准脱贫攻坚战而做出的重要战略性决策。

### 二、医　疗

要加强医疗保险和医疗救助，新型农村合作医疗和大病保险政策要对贫困人口倾斜，稳步推进医疗救助工作。农村低保仅仅只能保证困难群众在正常情况下的基本生活，一旦出现重大疾病或意外事故，还得依靠医疗保险和医疗救助。

根据中央扶贫工作会议的指示，要在贫困地区稳步推进医疗救助工作，将贫困人口纳入到重特大疾病救助范围，并且对他们参加医疗保险的个人缴费部分给予财政补贴。据统计，到2020年要实现医疗救助的全覆盖，需要累计投入资金2 566亿元，如此庞大的投入给地方和中央财政都施加了很大压力。要解决资金的“瓶颈”问题，一是要对地方的医疗政策进行调整，可对贫困人口参加医疗保险个人缴费部分给予定额补贴，根据当地筹资情况稳步提高对重特大疾病的医疗救助水平；二是要完善大病保险支付方式，将重特大医疗救助与大病保险有效地衔接起来，提高保险在“上游”的扶持力度，以此减小“下游”的资金压力；三是要积极导社会力量参与到医疗救助中，政府应建立并完善相关的帮扶信息平台，出台优惠政策，积极鼓励其他社会力量，特别是公益慈善组织参与医疗救助，全国上下形成合力来增强医疗救助的保障功能。

## 第五节　实施社会保障兜底一批

社会保障包括社会保险、社会救助、社会福利和慈善事业四大部分。在精准扶贫的过程中实施“社会保障兜底一批”是指对那些完全或者部分丧失劳动能力的贫困人口实施社会保障，以确保每一位贫困户的基本生活得以维持。

**1. 加强农村低保制度与扶贫开发政策的有效衔接** 扶贫开发工作主要是

通过健全贫困地区基础设施、改善生产条件与生态环境来促进贫困人民收入增加，提升当地居民生活的幸福指数。由此可见，扶贫开发工作大多围绕扶贫标准之下具有劳动能力的农村人口展开。为了让大量部分或全部丧失劳动能力的贫困人口也能在扶贫开发中摆脱贫困，就要求当地政府实施与扶贫开发相衔接的低保制度，重点救助那些老弱病残及生存条件恶劣等原因造成生活常年困难的农村居民。农村低保制度确保了每一位纳入农村低保保障范围的贫困人口都能够稳定、持久、有效地解决温饱问题，让他们“吃穿不愁”。

**2. 加快健全和完善社会救助家庭经济情况的核对机制** “社会保障兜底一批”的扶贫举措是否富有成效，关键在于对象认定是否精准。为了减少骗保、错保、人情保、关系保等损害国家公共财产的行为发生，后提升社会救助工作的水平和质量，促进社会的公平正义，要在原来入户调查、邻里访问的基础上创新机制，建立一套以家庭劳动人口数、土地、住房、机动车、家庭成员是否患有重病或者残疾情况为主要评价指标的新型经济情况测定指标体系。除此之外，应当建立各部门互通、信息共享的社会救助家庭经济情况查询机制，使农村低保对象的认定更加精准和可靠。据统计，2015 年全国开展各类核对工作 6 076 万次，通过与公安、银监、证监等部门联网互查，检查出 5.8%的不实申报，为国家节约财政资金高达 600 亿元。

**3. 做好“三留守”人员的关爱服务工作** 留守儿童、留守妇女、留守老人是贫困地区的弱势群体，政府应进一步做好这类群体的摸底调查，弄清不同贫困地区的实际情况，并据此建立健全特殊“三留守”人员的救助保护机制和关爱服务体系。各地要依托已经建立的社会福利院、养老院、救助管理站等机构开展对“三留守”人员的相关关爱服务工作，同时要动员社会组织、各界慈善人士，深入到贫困山区给留守人员带去温暖，为他们排忧解难。

# 第七章　处理好脱贫攻坚的重大关系

消除贫困、改善民生、逐步实现共同富裕，是社会主义的本质要求。在扶贫开发的新时期，要从战略和全局的高度出发，深刻认识打赢脱贫攻坚战的重要性和紧迫性，坚持中国特色扶贫开发道路，贯彻落实党中央、国务院的决策部署，坚持科学治贫、精准扶贫、有效脱贫的理念，咬定目标，苦干实干，坚持到底，赢得胜利，让广大人民群众共享改革发展的成果。各地区各部门要“瞄准一个目标，达到两个确保，做到两个不愁，实现三个保障，突出四个转变，实施五个一批，坚持六个精准”，结合工作实际，认真研究并处理好脱贫攻坚中的几组重要关系。

## 第一节　处理好脱贫标准与全面小康的关系

中国特色社会主义制度最根本的特征，就是让广大人民群众共享改革发展的成果，实现共同富裕。发展是解决所有问题的基础和关键。脱贫攻坚作为发展的重要内容，也是推动发展的重要措施。当前，我国经济发展仍有巨大的潜力空间和回旋余地，其中一个重要方面就在贫困地区。加强扶贫攻坚力度，提高贫困群众的收入水平，不仅能够增加有效需求，还能帮助消化行业过剩产能，加快建设小康社会的步伐。要想缩小区域之间、城乡之间、社会群体之间的收入差距，全面建成小康社会，我们就必须瞄准打赢脱贫攻坚战这个底线目标，结合世情国情、物价上涨、需求拓宽等因素，不断完善我国贫困标准，切实保障各地区的义务教育、基本医疗和住房安全，通过实施扶贫攻坚工程加快贫困区域承接转移产业的步伐，进一步减少农村贫困人口。

改革开放以来，我国实施了大规模的扶贫开发活动，为全面建成小康社会打下了坚实基础。1996 年，我国首次制定扶贫标准，并据此测算了我国最低收入人群的消费结构；2001 年，国家制定了《中国农村扶贫开发纲要

（2001—2010年）》，在1996年的扶贫标准基础上增加了低收入标准；2011年，国家综合经济发展水平、贫困人口发展要求等多方面因素，将农民人均生活水平2 300元作为新的扶贫标准。经过二十年的努力，我国的扶贫开发事业取得了显著的成就，贫困人口大幅减少，收入不断提高，贫困地区的生产生活条件明显改善，社会事业不断进步。

制定科学合理的脱贫标准，明确扶贫目标，全面反映建成小康社会的要求至关重要。在扶贫实践中，要妥善处理好国家标准和地方标准、单一标准和多维标准、贫困检测抽样数据和建档立卡数据之间的关系，客观比较各地的贫困程度，考虑各贫困地区经济发展水平、收入分布情况、居民消费生活方式等各方面的差异性，准确测算贫困人口和贫困程度，落实扶贫责任，制定科学合理、可比较、可操作、“两不愁、三保障”的有机标准体系。

全面建成小康社会，难点在农村，国家脱贫攻坚的主战场也在农村特困地区。中共中央、国务院制定印发的《中国农村扶贫开发纲要（2011—2020年）》，确定了14个连片特困地区为扶贫开发主战场，统一了脱贫攻坚和建设小康社会的重点及难点。中央扶贫开发工作会议也进一步贯彻落实党的十八届五中全会精神，对全面建成小康社会进入决胜阶段脱贫攻坚面临的形势和任务做出部署，对实施精准扶贫方略、健全精准扶贫工作机制、推动贫困地区发展做出了具体安排。

湖北省英山县认真贯彻党中央、国务院的系统性与战略性扶贫思想，围绕地区发展制定可行的扶贫标准，构建科学合理的扶贫长效机制。英山县健全科学扶贫目标管理机制，以扶贫产业为落脚点，围绕贫困群众的增收产业持续投入科技资源。以提升贫困乡村和贫困人口自身发展能力为主线，加强内引外联，提升县域科技服务和创新能力，于2006年达成整体脱贫目标，向小康社会大步迈进。

当前，我国正值“十三五”经济社会发展的关键时期，我们要深刻领会、全面理解农村贫困人口脱贫是全面建成小康社会最艰巨任务的思想，认真贯彻扶贫开发战略，进一步增强做好扶贫工作的使命感和责任感。扶贫开发工作搞好了，不仅有利于优化地区经济结构，还能推动城乡区域协调发展，更好地发挥新型城镇化和农业现代化对脱贫的辐射带动作用，提高经济发展的整体质量和水平，促进全面小康社会的建设。唯有坚持共享发展，强化整体性和协调性，补齐扶贫开发这块“短板”，才能解决贫困地区发展中不平衡、不协调、不可持续的问题。唯有处理好脱贫标准与全面小康的关系，才能提高人民群众对全面建成小康社会的满意度，确保贫困群众在奔向小康的征程中不落伍掉队，共享改革发展成果。

## 第二节　处理好扶贫到户与整体推进的关系

要正确处理整体推进与扶贫到户的关系。整体推进是面上工作，扶贫到户是点上工作。“精准扶贫，不落一人”，最终要达到的是整体全面脱贫的效果。整村推进、整乡推进、整县推进是全面实现小康社会目标的根本要求，是整体推进扶贫的目的和方向。全面建成小康社会，就是要靠整体推进，整体达到小康目标。同时，要做好扶贫到户，为整体推进奠定基础，因为整体推进要靠扶贫到户来支撑，两者互相促进、互为协调。

在扶贫攻坚的关键时期，各项工作要落到实处，要以精准帮扶促进贫困地区民生改善，实现现有贫困人口全部脱贫、贫困县全部脱帽，切实做到精准施策、精准推进、精准落地、精准到户。首先，要转变工作观念，将解决贫困县发展水平作为长期发展目标，把扶贫开发的重点放在脱贫到人上。在实际工作中，个别地区以精准扶贫为名，扶贫工作并没有真正瞄准贫困人口，一心只想促进贫困县发展和乡镇村整体水平提高。然而，贫困县的发展和整乡整村上水平未必能使贫困人口脱贫、使大多数老百姓从中受益。如果不搞“精准滴灌”“精准到户”，继续以“大水漫灌”的扶贫方式开展工作，贫困人口的脱贫问题会迟迟得不到解决，年年扶贫年年贫。因此，各级政府在落实国家对扶贫区域的工作部署时，要紧紧围绕精准搞扶贫，从习惯于做面上的扶贫举措向针对贫困人口精准施策转变，必须把思想和行动统一到精准扶贫的决策部署上来。同时，要通过培训等方式加强各级领导干部，特别是基层干部在精准扶贫方面的能力建设，不断提高扶贫开发工作水平，如此才会有精准扶贫的新思路、新政策、新方法。其次，要明确目标，确定脱贫标准。要实现“到2020年稳定实现农村贫困人口不愁吃、不愁穿，义务教育、基本医疗和住房安全有保障，实现贫困地区农民人均可支配收入增长幅度高于全国平均水平，基本公共服务主要领域指标接近全国平均水平，确保我国现行标准下农村贫困人口实现脱贫，贫困县全部摘帽，解决区域性整体贫困”的目标，必须将贫困人口从统计抽样测算的数字落实到具体农户、人口，其中一个重要措施就是建档立卡。建档立卡作为各项扶贫举措能够精准的基础和前提，务必要做实做细，定期核查相关信息，确定遗漏的、返贫的、新致贫的贫困人口数量，明确扶贫对象。同时，要依据对贫困状况的综合判断明确当地脱贫的标准，不能简单地以当地居民家庭收入的多少来衡量是否脱贫。要紧紧扣住“两不愁、三保障”这个目标，准确识别贫困户能否吃饱、穿暖，生产生活条件如何，会不会因病致贫、返贫。只有精确把握目标，才能做到既不提高标准、吊高胃口，又不降低标准，使扶贫工作失去实效。最后，要精准施策，将脱贫攻坚的主力对准建档立卡贫困人口，细化工作流程，一户一户摸清情况，想办法解决问题。做到扶持对象精准、项目安排精准、资金使用精准、措施到户精准、因村派人精准、脱贫成效精准。各地的扶贫资源和帮扶措施要精准落在贫困人口头上，具体的方案和措施都要有具体的后备保障与资金支持。

在实际工作中，要把到村到户到人的扶贫措施与推进地区经济社会发展统筹起来。虽然精准扶贫到村到户到人与地区经济社会发展各自的工作侧重点不同、推进方式不同，但二者并不是矛盾关系，更不是对立排斥关系。要正确处理精准扶贫到村到户到人与片区经济社会发展的关系，做到“两者结合”“两轮驱动”。通过到村到户到人精准扶贫，推动片区经济社会发展；通过片区经济社会发展、宏观环境条件改善，带动到村到户到人精准脱贫。

在到村到户到人精准扶贫方面，一要在找准扶贫对象的基础上，进一步找准贫困原因，并明确具体的到户帮扶措施和年度目标，扎实开展针对性的帮扶。二要按照脱贫的原则，以脱贫目标为依据，做到分级管理、动态监测。三要因人因地施策、因贫困原因施策、因贫困类型施策，把扶贫项目与贫困乡镇村的实际和贫困群众意愿相结合，采取以奖代补，提供种苗、信息、技术、服务等方式，有针对性地引导和帮助贫困户发展产业。四要确保扶贫资金精准拨付、及时拨付，让有限的资金发挥最大的效益，真正帮助贫困群众脱贫致富。五要制定具体帮扶措施，通过发展生产脱贫一批、异地搬迁脱贫一批、生态补偿脱贫一批、发展教育脱贫一批、社会兜底脱贫一批，确保帮扶措施和效果落实到户、到人。六要在脱贫人口精准有序退出方面早建机制、早做规划，通过细致调查和严格评估明确摘帽标准和程序，逐户销号，脱贫到人。

在片区经济社会发展方面，一要着力推进贫困县产业结构调整和发展方式转变，壮大县域经济规模和实力，培育贫困县特色支柱产业和市场主体，加大“专精特新”和科技型中小企业扶持力度，大力发展民营经济，促进贫困县县域经济全面发展。二要按照合理布局、协调推进的原则，统筹贫困县基础设施建设，加快构建连通内外、功能配套、安全高效、适度超前的现代化基础设施体系。三要完善贫困县基本公共服务，实施教育、医疗、文化、体育扶贫工程，加快贫困地区社会事业发展，促进基本公共服务向农村延伸、向贫困村覆盖，切实织好网、兜住底、促公正。四要坚持市场化、多样性、可持续原则，进一步创新扶贫资金运作模式，加快构建财政资金与金融资金协调配合，政策金融、商业金融和合作金融分工协作，民间资金等为补充的多元化金融扶贫资金供给保障体系。五要加强贫困县生态环境保护，实行“内修人文、外修生态”，强化发展的生态刚性约束，加快转变发展方式，增强县域产业发展的承载能力，确保精准脱贫持久的动力和不竭的资源。六要着力在能力素质提升上实现突破，整合好各类培训资源，不断加大职业教育培训力度，切实加快人力资源开发，真正做到培训底数摸得清、措施跟得上、效果看得见，努力培养造就一大批有文化、懂技术、会经营的新型农民。

## 第三节　处理好政府、市场与社会的关系

许多贫困地区经济基础薄弱、社会事业滞后、内生发展动力不足。贫困地区要摆脱贫困离不开政府、市场与社会各界的支持。在脱贫攻坚的关键时期，需要继续坚持“政府引导、多元主体、群众参与、精准扶贫”的原则，引导政府、市场、社会协同发力，通过外力支援激发贫困地区发展内力。

实现有效脱贫，要坚持高位推进扶贫开发，实行中央统筹、省（自治区、直辖市）负总责、市（地）县抓落实的工作机制。中央需要在扶贫开发中做好统筹协调，坚持发挥制度优势和政治优势，建立健全各类促进脱贫攻坚的机制，加大贫困地区政策支持，为地方深入开展脱贫攻坚创造良好的制度环境和政策环境。同时，要深化东西部扶贫协作，加强定点扶贫。推动帮扶区县开展层层结对，区域协作不断创新；出台特惠政策举措，鼓励东部地区和大中城市吸纳贫困劳动力就业，提供配套服务，促进贫困人口通过转移就业脱贫。要完善牵头联系机制，强化扶贫工作责任考核，全面落实扶贫开发工作成效考核办法，建立扶贫工作督查制度，督促各级单位落实扶贫责任。省级党委和政府要贯彻中央关于脱贫攻坚的大政方针，增强大局意识、看齐意识，以五大发展理念统领经济社会发展全局，把扶贫攻坚作为重中之重，抓好目标确定、项目下达、资金投放、组织动员、监督考核等工作，确保各项决策部署落到实处。对本地区本部门涉及的扶贫工作，要对各项任务进行项目化、责任化分解，明确责任单位和时间进度，更要对一些“老大难”问题紧盯不放，反复研究，确保得到落实和解决。“市县抓落实”作为脱贫攻坚机制最关键的一环，要求县级政府承担脱贫攻坚主体责任，集中力量，确保干部精力放在扶贫工作上，确保各类资金和项目重点用在脱贫攻坚上，完善各项保障措施，全面落实各类市场主体到贫困地区投资兴业的各项优惠政策，建立参与社会扶贫的积极机制，切实加快贫困群众脱贫步伐。

扶贫重点在基层，难点也在基层。各地政府要深入研究国内外扶贫开发的新理念、新成果，进一步深化认识、拓宽视野、理清思路，做到各项工作心中有数，贴近群众的意愿，用心、用情、用力开展扶贫工作，切实解决好扶贫效率低、扶贫政策执行不到位、工作效能和协调力度弱等一系列问题。

在切实履行政府扶贫责任的同时，也务必要用好市场这只手，建立有效的

激励机制，吸引更多的社会资源参与脱贫攻坚。市场引导政府决策和社会参与，也决定着政府和社会资源的整合配置。首先，要积极发挥市场主体在扶贫开发中的能动作用，推动市场要素向贫困地区配置，引导市场主体到贫困地区投资兴业，激发贫困地区发展潜能。积极引导和鼓励国有、民营企业履行社会责任，开展“招商引资，村企共建，互利共赢”活动，促进贫困村、贫困户增收脱贫。同时，要利用金融杠杆的作用，鼓励符合条件的企业通过参股村镇银行，设立小额贷款公司，对企业在贫困地区兴办产业扶贫项目给予重点支持，为农村经营组织和农户实施产业扶贫开发提供金融服务，推进各类市场主体到贫困地区投资兴业。通过开展“金融扶贫示范县”活动，推动“助农贷”等金融创新产品，激发市场主体参与扶贫的动力，推进金融扶贫进程。其次，要坚持市场导向，抓好关键环节，探索可持续发展的长效机制。要以开放为拉力，进一步深化定点帮扶和东西扶贫协作工作，增加扶贫开发的市场元素。从市场的角度深化认识，在精准扶贫中扩大贫困群众选择和参与项目的自主权，逐步实现自我服务、自我约束、自我完善。最后，要加强国内各地区与国际市场的减贫交流协作。一方面，要积极参与国内市场竞争，加强内引外联，大力引进信息、资金、技术和人才，实现优势互补；另一方面，要积极参与国际市场的竞争和交换，使开放和扶贫相互促进、彼此融合。更要通过对外援助、项目合作、市场扩散等多种形式，取长补短，使扶贫工作水平迈上新台阶。

要健全社会力量参与扶贫机制，深入推进社会扶贫。扶贫开发工作需要社会各界力量及多种措施有机结合、互为支撑，因此要充分调动人民群众的积极性、主动性、创造性，积极倡导“我为人人、人人为我”的全民参与扶贫理念，引导社会力量广泛参与扶贫开发，举全民之力共同构建良好工作局面。首先，要培育多元社会扶贫主体。鼓励民营企业积极承担社会责任，发挥辐射和带动作用，通过资源开发、产业培育、市场开拓、村企共建等多种形式到贫困地区投资兴业、培训技能、吸纳就业、捐资扶贫，充分发挥社会的力量；支持社会团体、基金会等各类组织参与组织社会扶贫活动、配置和使用扶贫资源，进一步强化人才和智力扶贫；动员广大社会成员和港澳同胞、台湾同胞、华侨及海外人士，积极参与结队帮扶等社会活动，畅通社会各阶层交流互助的渠道。其次，要为社会组织搭建参与平台，完善动员机制，创新多种参与方式，着力打造全民扶贫公益品牌，提高社会扶贫公信力和美誉度，以思想先导行动，理念引领实践。最后，要深入宣传，通过各种形式帮助社会各方面了解贫困地区和贫困人口，在全社会营造出普遍参与扶贫济困工作的舆论氛围，大力弘扬友善互助的社会风尚。要通过舆论宣传，用先进事迹引领，用扶贫政策引导，凝聚扶贫济困的广泛共识，营造“扶贫光荣”的浓厚社会氛围，形成政府、市场、社会协同推进的大扶贫格局。

脱贫攻坚需要政府、市场和社会的协同推进，以及贫困地区、贫困群众的充分参与。政府应该充分发挥主导作用，让市场和社会成为反贫困重要力量，先富帮后富，同奔小康路。

## 第四节　处理好扶贫开发与产业振兴的关系

当前，脱贫仍然是我国经济社会发展最突出的短板，产业振兴的根本在于从农民增收的角度消除贫困。从致贫的原因看，各贫困地区共性和个性并存。在共性方面，首先是生活条件艰难，许多贫困地区都存在交通、用电、饮水等基本生产生活困难；其次是地区产业结构单一，就业机会缺乏，农民增收缺少门路。在个性方面，现有贫困户致贫原因复杂，或因缺乏基本、转移就业困难，或因自然灾害、市场波动导致收入减少，各有掣肘。对比以往实践经验，“输血式”扶贫虽能解决一些贫困户眼前的生产生活困难，但容易让被扶贫对象产生“等、靠、要”的依赖心理，无益于当地经济社会的可持续发展。所以，针对不同贫困地区的共性制约和个性致贫，我们不能用“大水漫灌”的粗放方式帮扶，要逐村逐户分析原因，对症下药，通过发展农村产业制造岗位，促进农民增收，提高生产技术，采用“造血式”精准扶贫。要从贫困地区的实际情况出发，分类施策，理清精准扶贫与产业振兴之间的关系，避免一味“输血”，要适时通过产业振兴进行“造血”。扶贫工作离不开“输血”，更离不开“造血”，双管齐下，才能提高脱贫攻坚实效，斩断贫困地区的病根。

在扶贫资金投入方面，中央财政充分考虑财力缺口，加大对贫困地区，特别是高海拔高寒地区、中西部革命老区、边疆地区、民族地区的支持力度。为改善贫困地区生产生活条件而投入专项资金，往往视为“输血式”扶贫的主要手段。但在扶贫工作中，直接给予贫困户物质、资金上的帮扶，解决其基本保障问题虽然见效快、效果好，但可持续性差、资金使用效率低。面对财政专项扶贫资金投入不断增加的现状，需要创新改革财政专项资金的使用与监管机制，推动地方政府整合渠道、统筹使用资金，做好社会保障兜底。在资金使用上，要鼓励地方探索开展资产收益扶贫试点，将财政资金用于贫困地区产业发展和基础设施建设，帮助贫困群众培育稳定的资产收益。要提高资金使用精准度，发挥资金放大效应，集中资金解决突出贫困问题，确保扶真贫、真扶贫、真脱贫。

在产业振兴发展方面，由于我国处于经济新常态之中，发展方式开始从规模速度型粗放增长向质量效率型集约增长转换，增长动力由要素驱动、投资驱动向创新驱动转换，这会影响产业结构和就业规模。贫困地区人口往往缺乏信息和技术，难以满足更高的劳动力素质要求。此外，贫困地区产业尚在成长之中，贫困人口在产业发展中的受益程度有待提高，各项产业基础设施建设不足。因此，各地政府必须通过研究贫困地区产业发展问题，提供政策支撑，加强贫困地区路、水、电、通信等基础设施建设。同时要鼓励各类企业在贫困地区进行资源开发、市场开拓、村企共建等活动，通过对贫困户进行技术培训、促进就业等帮扶手段实现“造血式”脱贫。虽然这种方式运作复杂、见效缓慢，但能解决长期发展问题。“授人以鱼不如授人以渔”。要确保扶贫政策效果，就需要立足当地资源，因地制宜，实现就地脱贫。对于缺少产业支撑的贫困地区和缺少专业技能贫困人口，要把脱贫攻坚重点放在培育产业、改善生产生活条件上，制定产业扶持发展规划，宜农则农、宜游则游、宜商则商，把贫困户吸入产业，支持当地劳动者务工、创业，使脱贫攻坚与产业振兴一脉相承。

在脱贫攻坚的决胜阶段，扶贫工作不仅要注重扶持农业企业实现产业振兴，更要让贫困群众具有自我积累、自我发展的能力，帮助贫困地区长期生存发展。在这方面，四川省崇州市的扶贫开发经验值得其他地区借鉴。崇州市基于农业大县优势，通过推进生态移民工程和安居惠民工程，综合整治土地，将农村集体建设用地资源转化为资金。推进贫困地区基础设施建设与社会服务完善，全力做好扶贫帮困工作，为贫困地区“输血”。崇州市在大力推进“输血”扶贫的同时，还积极推进以扶持企业发展“造血”扶贫工程逐渐取代单一的资金投入，通过加快现代农业的发展，坚持形态、业态、文态、生态融合发展思路，创新农村金融服务，开展农村集体经营性建设用地入市流转改革，积极拓宽农民转移就业渠道，发展高端旅游业，实现产村相融，积极为贫困人口创造就业契机。

## 第五节　处理好扶贫开发与人才振兴的关系

发挥人的主观能动性，激发贫困群众的内生动力，破解人才的瓶颈限制，是精准扶贫和乡村振兴战略需要注重的出发点和着力点。中央虽然逐年递增扶贫资金的投入，但由于各个贫困地区的资金需求仍然较大，很难填补缺口。因此，不能只单一地拓宽资源渠道，更重要的是通过实施贫困地区人才扶持计划和本土人才培养计划，结合乡村振兴战略，践行人才振兴，进一步激发和提高贫困地区的内生动力，使其通过自身的努力实现可持续脱贫。

从贫困群众本身出发，推动脱贫攻坚，最根本还是要依靠贫困人口素质的提高以及贫困地区群众主动性、创造性的发挥。习近平总书记明确指出，贫困地区发展要以外力促内力，利用外部“输血”支持，不断增强自身造血功能，发展才具有持续性。贫困群众是扶贫攻坚的主体，也是脱贫致富的对象。我们在工作中要注重调动贫困群众的积极性、主动性、创造性，不能助长其“等、靠、要”的思想。政府有责任帮助贫困地区和贫困群众致富，但不能大包大揽，应实施贫困地区人才支持计划和本土人才培养计划，切实提高贫困地区和贫困人口的发展能力。

从社会各界的人才吸纳角度出发，要充分动员社会各界人员参与扶贫机制，深入推进社会扶贫。支持社会团体、基金会等各类组织参与组织社会扶贫活动，配置和使用扶贫资源，在各类活动中进一步强化人才和智力扶贫；动员广大社会成员和港澳同胞、台湾同胞、华侨及海外人士，积极参与结队帮扶等社会活动，畅通社会各阶层交流互助的渠道。其次，要为社会组织搭建参与平台，完善动员机制，创新多种参与方式，着力打造全民扶贫公益品牌，提高社会扶贫公信力和美誉度。以思想先导行动，理念引领实践。

## 第六节　处理好扶贫开发与生态振兴的关系

让城市居民生活在“望得见山、看得见水、记住乡愁”的乡村，让乡村人实现“以农为家，以农为业”的尊严生活和发展，是乡村振兴战略提出的生态文明观。加快贫困地区开发建设与经济发展，需要正确处理扶贫开发与生态振兴的关系，牢固树立绿色发展理念。过去，许多资源型产业占主导的地区因为盲目追求经济效益，虽然吸引了许多企业投资兴业，但也因为资源开发利用粗放无序，破坏了当地生态环境，导致经济发展不可持续。还有一些地区由于生态环境脆弱、生产条件欠缺、经济发展水平落后、人口素质偏低，“一方水土养不起一方人”。我国的贫困地区，尤其是集中连片贫困地区，大多处于江河上游、水系源头，生态系统十分脆弱，一旦被破坏就会威胁当地的生态安全与发展基础。扶贫开发与生态振兴应该相辅相成，有机统一，应该切实贯彻绿色发展理念，把脱贫攻坚与建设美丽乡村结合起来。深入推进扶贫开发，必须牢固保护生态环境就是发展生产力的理念，把生态振兴放在优先位置，决不以牺牲生态环境为代价搞开发建设，坚持扶贫开发与生态并重，走资源节约型、环境友好型的区域发展和脱贫之路。

要实现生态振兴与精准扶贫的协调发展，一是要构建贫困地区生态保护内生机制，增强绿色发展的支撑力。构建生态环境保护补偿机制和资源开发效益分配机制，落实主体功能区战略，为贫困地区和贫困群众带去更多的实惠；构建和创新约束激励机制，建立生态振兴绿色发展奖惩机制，创新扶贫工作责任制，特别是建立基于绿色发展目标导向的领导干部考核与任用制度，形成绿色发展的内生动力；构建和创新生态扶贫机制，促进生态振兴与扶贫开发良性互动，提高生态系统服务功能和扶贫效益，确保脱贫攻坚可持续；构建协同整合机制，整合农村连片整治资金，对农村环境整治提供技术指导，提升环境治理水平；构建绿色发展试点示范机制，支持开展贫困地区绿色发展试点示范创建，探索绿色发展的可能模式；构建帮扶机制，开展绿色发展宣传教育、干部和技术人员培训等项目，提高环境管理和服务水平，增强绿色发展自主能力；构建绿色发展评估机制，制定绿色发展规划和行动方案，为推动生态振兴提供科学基础。

二是要支持绿色产业发展，通过绿色产业发展，从经济上实现生态振兴，增强脱贫内生动力。要在贫困地区构建和创新绿色产业培育机制，利用地区自身资源优势，发挥传统绿色产业的竞争优势，提升产品附加值和品牌影响力，构建绿色产业体系；要依托贫困地区较好的生态资源，以市场需求为导向，努力构建生态化产业体系，因地制宜发展太阳能、风能等清洁能源的开发利用，积极支持生态资源优势向生态农业、生态工业、生态旅游等经济优势转化，同时，吸引国内外企业到贫困地区投资兴业，积极发展生态农业与旅游业。一方面，要加强生态环境的修复与建设，推进生态振兴和环境保护项目落地，积聚保护和改善生态环境的能力；另一方面，要对土地、文化、生态资源等实施开发式合作，抓住“数字机遇”，加大对绿色技术的研发和创新，强化生态资本的积累，培育绿色经济增长点，从而实现良性循环。面对产业发展中需要的大量资金需求，政府也应增加财政资金投入，加大“互联网＋扶贫”在贫困地区的实施力度，并探索政府与社会资本的融资模式，不断挖掘贫困地区内生发展的绿色优势。

三是要倡导绿色生产生活方式，强化生态振兴和扶贫攻坚相融合的理念。要推动贫困地区绿色发展，必须正确认识贫困地区绿色发展面临的关键问题、自身优势和劣势，在节约优先、保护优先、自然恢复优先的基础上探索适合本地情况的发展路径。加快推进贫困地区危房改造和人居环境整治，加大贫困村生活垃圾处理、污水治理、改厕和村庄绿化美化力度，支持贫困地区造林绿化、恢复植被、建设山水田林路和小流域综合治理，改善贫困村生产生活条件。

四是要加强绿色政策扶持，切实做好生态补偿脱贫。首先，继续大力实施退耕还林还草、退牧还草、防护林建设、天然林保护、石漠化防治、湿地保护与恢复、坡耕地整治、水生态治理等重点生态工程，在项目和资金安排上进一步向贫困地区倾斜。其次，要加大贫困地区生态保护修复力度，扩大政策实施范围。对需要保护的重点生态功能区，要增加转移支付。鼓励开展贫困地区跨区域、跨流域生态补偿试点，推动地区间建立横向生态补偿制度，完善生态保护奖励政策。对于生态环境需要保护修复的贫困地区，要创新利用生态保护与补偿资金，积极转化当地劳动力为生态保护人员。

生态振兴与精准扶贫的统筹发展，既要环保也要温饱。宁夏地区按照“山上的问题山下解决，山里的问题山外解决，面上的问题点线解决”的思路，对山大沟深、干旱缺水、生态失衡、就地解决贫困问题难度大、投入高的区域贫困群众实施了“十二五”中南部地区生态移民搬迁工程。为了实现扶贫搬迁消除贫困和改善生态的双赢目标，宁夏政府按照移民移出一片、治理一片、见效一片的工作思路，整体规划，分步实施，与国家和自治区重点生态建设项目相结合，“封、造、育、管”并举，积极探索经济效益与生态效益“双赢”的生态恢复之路。通过整合利用国家发展和改革委员会及财政部下发的生态移民专项资金、地区财政与社会帮扶资金，不断创新工作机制，强化服务管理，发展致富产业，实施移民搬迁，生态移民工程进展顺利并取得了显著成绩。各地区应学习宁夏的发展经验，整合资源，多措并举，具有先见意识地将扶贫开发与生态振兴二者统筹发展。

# 第八章　加强党对脱贫攻坚的领导

贫困问题是一个结构复杂、涉及面广且负外部性非常明显的社会经济问题。治贫减贫是国际性的难题之一，这意味着各国政府和领导集体都应该在扶贫开发工作中发挥主导和引导作用，最大化地减少贫困程度和贫困带来的负外部效应，实现国民生活的富足。从国际视角而言，我们必须坚持中国共产党的领导，为国际减贫与世界发展做出贡献；从国内视角而言，要实现所有国民的共同富裕，要实现全面小康也必须要坚持中国共产党的领导，坚持社会主义制度，才能在关键时期打赢这场脱贫攻坚战。

## 第一节　提高认识，充分发挥中国特色社会主义政治优势和制度优势

### 一、扶贫开发实践中必须要贯彻落实习近平总书记的战略思想

习近平总书记在深入调研贫困地区的现状后，系统全面地总结了中国特色扶贫开发道路的创新实践和主要经验。要打赢脱贫攻坚战，必须深刻领会习近平总书记关于扶贫开发做出的相关指示和相关重要战略思想。这是我们在扶贫攻坚决胜时期最为重要的思想基础和科学指南。习近平总书记的思想主要体现在以下几个方面：

（1）消除贫困是社会主义的本质要求。消除贫困，改善民生，逐步实现共同富裕，是社会主义的本质要求。

（2）扶贫工作要从战略上重视和规划。解决欠发达地区的问题，是战略性问题，也是政治性问题，必须切实抓好脱贫致富这一战略性任务。

（3）扶贫工作成效是全面建设小康社会的重要组成部分。“没有农村的小

康，特别是没有贫困地区的小康，就没有全面建成小康社会”。

（4）扶贫责任主体与责任思想。各级党委高度重视扶贫，但还不够，要更加重视。

（5）以人为本的扶贫思想。“要把贫困山区的孩子培养出来，才是根本的扶贫之策”。不仅仅要做好教育扶贫，更要做好知识、思想、文化、精神各个方面的扶贫，是着眼于人生的战略扶贫。

（6）产业扶贫思想。“贫困地区要靠内生动力”“一个地方必须要有劳动力、有产业，内外结合地发展”。

（7）重视精准扶贫成效，不能数字脱贫，要真扶贫、扶真贫。

（8）系统扶贫思想。“扶贫要实事求是，因地制宜”。要分类指导，把工作做精做细。

（9）要培育共同扶贫的社会价值思想。弘扬中华传统美德，培养和践行社会主义核心价值观，动员全社会力量向贫困宣战。

以习近平同志为核心的党中央高度重视我国的扶贫开发工作。习近平总书记多次实地深入调研贫困地区，发表了一系列重要讲话，提出了精准扶贫、科学扶贫、内源扶贫、扶贫机制体制改革创新的重大理论与实践问题，形成了新时期的扶贫开发思路，总结出了具有中国特色的扶贫之路，创新了中国特色扶贫理论。我们应深刻领会习近平总书记关于我国新时期扶贫开发的重要论述，系统总结我们党和政府领导亿万群众摆脱贫困的历史经验，提炼升华精准扶贫的实践成果，为新时期的扶贫攻坚注入新的思想动力。

要深入贯彻落实习近平总书记关于扶贫开发的重要论述，首先要从战略高度认识到扶贫开发工作在我国社会经济发展总体工作布局中的重要地位。从各类参考资料中可以发现，在宁德工作期间完成的《摆脱贫困》一书是习近平总书记扶贫开发工作战略思想的最早起源之一。书中最早提出扶贫工作是由量变到质变的过程，不能一蹴而就，要培育贫困群众的自身发展论。同时，书中通过滴水穿石的道理告诉我们，扶贫开发和国家的经济发展必须是一个量变到质变的过程，必须通过不断地解决问题，积小成功为大成功，这是没有其他捷径可走的。习近平总书记在浙江、福建乃至宁德工作期间都一直将扶贫开发作为一项重要的工作任务，在不断探索扶贫之路的同时更是创新了扶贫开发的战略新思想，认识到了扶贫开发工作具有艰巨性、复杂性、长期性的几个重要特性。自党的十八大召开以后，减贫、扶贫成为了我党治国理政的重要工作之一，成为了践行执政为民宗旨的第一件大事。于是，党中央和中国政府将扶贫开发作为第一个百年奋斗目标的重点工作、“十三五”时期重大而紧迫的战略任务，将其纳入“四个全面”战略布局和“五位一体”总体布局之中。

深入学习贯彻落实习近平总书记关于扶贫开发的战略思想，是中国特色社会主义理论体系的新发展，是治国理政思想的重要组成部分，是新时期打赢脱贫攻坚战的科学指南和根本遵循。为了强化对习近平总书记关于扶贫开发工作的认识，国务院扶贫开发领导小组办公室分七个专题将习近平总书记关于扶贫工作的重要论述以及讲话印编为《习近平关于扶贫开发论述摘编》，该书贯彻落实习近平总书记在扶贫开发中创新、协调、绿色、开放、公享的发展理念，强调了习近平总书记对扶贫工作做出的要求——扶贫开发必须注重实效。实效性是新时期扶贫开发的基本要求，提高脱贫攻坚的精准度与实效性，改“大水漫灌”的扶贫开发模式为“精准到户到人”是时代的新要求，这样才能让贫困人群得到最为精准的帮扶措施，切实人民生活水平。

习近平总书记在一系列的讲话中都强调，一定要激发贫困群众的内在潜能，要提升和培育贫困群众自身的发展能力。政府不能养懒人，要从根本上为贫困群众灌输靠自己双手发家致富的意识。中华民族从来都是一个自立自强的民族，“吃自己的饭流自己的汗，靠天靠地靠父母都不是好汉”这句俗语一直根植于中华儿女的心中，从修筑长城、故宫、各种园林再到取得抗日战争的伟大胜利，这些在中华历史文明的长河中仍然发光发亮的事迹都展现出中华民族是有智慧、有毅力、有勇气、有创造力的民族，人民群众的智慧与创造力是不可估量的。我们应当在脱贫攻坚的工作中最大限度地激发人民群众的积极性与创造力，激发其内在潜能与内生动力，发挥“笨鸟先飞”的自立自强精神，使人民群众发挥其主观能动性与创造性，从根本上解决贫困问题，促进农村经济发展，使人民群众共同走上小康之路，共享经济发展的成果。

## 二、要将“四大意识”作为扶贫开发的总基调和基本要求

党中央和中国政府对扶贫开发工作总结出了“四大意识”的总基调和根本要求。四大意识主要是指政治意识、全局意识、核心意识和看齐意识。

**1. 政治意识**　打赢新时期的脱贫攻坚战必须要增强政治意识，必须坚持中国共产党的领导，坚持党性的基本原则，坚持党性与人民性高度统一的原则。要提高群众的素质，坚持让人民群众自觉行动，坚持用社会合力打赢脱贫攻坚。对于党员干部，特别是领导干部来说，政治思想、政治观点、政治立场无处不在，体现在工作、生活的方方面面。增强政治意识，就是不论在任何时候，特别是在复杂多变的形势下，始终保持清醒的头脑，具有敏锐的观察力、鉴别力、判断力和政治定力，坚持坚定正确的政治方向。精准扶贫与精准脱贫工作关系着我国经济的发展、人民的切实利益，也关系着国家的综合国力与国际影响力。以习近平同志为核心的党中央高度重视该项工作，投入了巨大财

力，这就要求领导干部必须要有强烈的政治意识，把纪律与规矩摆在首位，推进全面从严治党、深化党风廉政建设和反腐败斗争，狠抓落实八项规定，开展群众路线教育实践活动和“三严三实”“两学一做”系列学习活动，公开点名曝光违法违纪案例，增强公职人员，特别是领导干部的政治意识。

2. **全局意识** 全局意识是指要坚持围绕中心、服务全局，为各地各部门和全社会正确参与扶贫开发提供科学指导和决策根据。要从党的工作全局出发打赢新时期的脱贫攻坚战。精准扶贫与精准脱贫工作也要保持全局意识，这是五大发展理念中协调发展的要求。现阶段我国经济的发展呈现城乡区域发展不协调的状态，东西部、城乡间发展不平衡，我国还有一部分农村、一部分农民并没有真正的享受到改革红利，他们没有步入小康社会，一些人甚至还在吃饱穿暖的问题上痛苦挣扎。想要实现全面建成小康社会的目标、实现中华民族的伟大复兴与中国梦，就必须坚持全局意识，有大局意识，坚持协调发展，调动全社会、全体人民的力量为精准扶贫、精准脱贫工作服务。

3. **看齐意识** 在2015年12月28～29日中共中央政治局召开的“三严三实”专题民主生活会上，习近平总书记提出：“中央政治局的同志必须有很强的看齐意识，经常、主动向党中央看齐，向党的理论和路线方针政策看齐”。我们要向党中央基准看齐，向大会精神基准看齐，向党的理论与领导思路基准看齐。见贤思齐焉是古人总结出来的经验与规律，而经常喊看齐是党加强自身建设的规律和经验。应当看到，与过去相比，当前的党员队伍更加壮大，思想观念、价值取向更加多样化，达成共识的难度也在加大。《人民日报》刊文指出：有的党员对政治纪律和政治规矩心知肚明，仍把口无遮拦当能耐，只图一时掌声，不顾党的形象；有的领导干部明知正风肃纪的大势，不是主动让权力“进笼”，而是琢磨如何“破窗”；还有的说起改革头头是道，真刀真枪时却只想动别人碗里的肉，不想动自己盘里的菜。正是由于看齐意识不强，让他们忘记了步调一致，选择了我行我素；忘记了以身作则，选择了言行不一，甚至走出队列而浑然不觉。扶贫开发工作是我国现阶段最重要的工作，我们在扶贫开发中要紧随以习近平同志为核心的党中央领导集体的步调，保持高度的一致性，常常喊看齐，增强公职人员的看齐意识，培养造就出一支政治坚定、纪律优良、业务水平高的公职队伍。

4. **核心意识** 要从党中央的政治战略高度看到精准扶贫的重要性，在思想上高度重视，科学把握定位，确保工作精准有力。在脱贫工作的具体实施工程中必须充分体现党的意志、反映党的主张，将党中央的政治战略与思想贯穿其中，积极学习系列讲话，高举旗帜，向党中央、党的理论和路线方针看齐，不断增强核心意识。在精准扶贫、精准脱贫的工作中，要坚持中国共产党的领导，坚持贯彻党的理论和路线方针，坚持贯彻党的十八大及十八届三中、四中、五中全会精神，坚持发展“四个全面”战略布局与“五位一体”总体布局，努力提高公职人员的业务水平与能力，培养出一支政治坚定、业务精湛、作风优良的扶贫开发工作队伍。

## 三、要让制度优势和政治优势得到充分发挥

打赢脱贫攻坚战是全面建设小康社会的必然要求，消除贫困、改善民生、逐步实现共同富裕是社会主义的本质要求，也是中国共产党的重要使命。只有实现共同富裕、逐步消除贫困才能体现我国社会主义政治制度的优越性。在脱贫攻坚战的决胜时期，要学习领会并贯彻落实习近平总书记关于中国特色扶贫开发理论及坚持发挥政治优势和制度优势的重要指示，从根本上打好思想基础，贯彻科学指南。要从全局出发，站在政治高度来把握脱贫攻坚战，要进一步总结自中华人民共和国成立以来我们在扶贫开发事业上获得的经验，进一步升华关于精准扶贫的实践成果。要发挥我国的政治优势与制度优势，深入群众，一切从实际出发。

《中共中央 国务院关于打赢脱贫攻坚战的决定》这一文件在脱贫攻坚进入攻坚拔寨的决胜新时期再一次为我国的脱贫攻坚工作做出了新的指示和更为明确的方向。要将精准扶贫、精准脱贫的扶贫方略作为扶贫的基本方略，同时也要求在扶贫开发工作中贯彻落实创新、协调、绿色、开放、共享的发展观念，坚持扶贫开发、生态保护、社会保障与经济发展相互促进、紧密结合，把思想和行动统一到党中央和国务院的决策部署上来，增强政治意识、全局意识、核心意识、看齐意识。要结合各地区发展开发的实际情况，因地制宜地进行扶贫开发，同时要从督查扶贫工作方面促进效率的提升。强化责任机制不仅要层层落实各单位，更要落实到各个扶贫开发领导身上。

# 第二节　强化领导责任机制，落实脱贫工作责任制

## 一、实行“中央统筹、省总负责、市县落实”协同联动的工作责任机制

扶贫开发是一个系统性的工程，需要全党全社会发力，需要各方支持和贫困地区的自身奋斗，最终才能实现扶贫结果的可持续化。责任机制是这个系统工程中极为重要的部分。习近平总书记多次强调，我们必须上下联动落实责任

机制。在现阶段，我们实行的是中央统筹领导工作，制定扶贫开发的大政方针；由省、自治区、直辖市负责具体工作安排，抓好目标确定、项目下达、资金投放、组织动员、检查指导等工作；市、地、县则主要具体落实扶贫工作，配合上级对扶贫工作的检查，督促下级具体单位和部门的工作进程，同时做好所辖区域内的扶贫工作进度安排、人员安排。县级的党委和政府一定要承担主体责任，致力于贫困县的如期摘帽。

要层层签订脱贫攻坚责任书，扶贫开发任务重的省（自治区、直辖市）党政主要领导要向中央签署脱贫攻坚责任书，且每年向中央做出扶贫脱贫工作进展的情况报告。省（自治区、直辖市）党委和政府要向市（地）、县（市）、乡镇提出要求，层层落实责任制。中央和国家机关各部门要按照部门职责落实扶贫开发责任，实现部门专项规划与脱贫攻坚有效衔接，充分运用行业资源做好扶贫开发工作。

在扶贫开发的工作机制中明确规定，市、地、县要具体落实扶贫开发工作，而县长和党委书记是扶贫开发工作的第一责任人；在扶贫攻坚期内，贫困县的领导班子应该稳定，对于表现优异、符合提拔条件的干部可以就地提拔；同时应有计划地安排省部级后备干部到贫困县挂职。目前，县级干部层面的选拔任用机制还可以改进，要将扶贫开发的工作实绩作为选用和任命干部的重要依据，从而践行党的群众路线，从严治党，将党求严、求实的作风贯穿于扶贫攻坚工作的始终。

## 二、基层干部要加强对扶贫攻坚的责任感、紧迫感、使命感

在“中央统筹、省总负责、市县抓落实”上下协同联动的工作责任机制之下，整合各类资源，推进贫困地区的工作格局建设，是加快扶贫开发步伐的重要基础。基层干部应进一步加强对扶贫攻坚的责任感、紧迫感、使命感，基层党委和政府应将扶贫开发最为“第一民生工程”，作为自身义不容辞的责任。

要在基层切实落实打赢脱贫攻坚战的责任，加强基层领导班子对扶贫开发的责任感和使命感，首先必须要加大对扶贫攻坚工作的考核力度，实行扶贫开发工作的年度报告和通报制度。其次，可以实行奖惩制度，对于对贫困地区的建设开发有突出贡献的典型人物，可以按照国家相应的表彰制度进行表彰，同时对工作不到位、敷衍了事的强化责任追究。最后，要从思想上进行强化，党委政府要加强对基层干部的思想政治、业务能力、综合素质培训，从而加强基层干部对扶贫攻坚的责任感、紧迫感、使命感。

## 三、贫困地区的开发建设必须形成社会合力

“十三五”规划纲要要求鼓励和支持民营企业、社会组织、个人参与扶贫开发，引导社会扶贫重心下移，实现社会帮扶资源和精准扶贫的有效对接，形成“党政主导，各方参与”的扶贫工作体系。扶贫开发是一项庞大的社会系统工程，为构建社会各界力量及多种措施有机结合、互为支撑的“大扶贫”新格局，各级政府应积极搭建平台，协调各方，建立健全行之有效的系列机制，并不断完善组织动员机制，丰富政策导向机制，为社会力量参与社会扶贫提供更多的优惠和便利，营造社会主义扶困济贫、帮穷扶弱的社会舆论氛围，形成携手并进、共同致富的良好工作局面，从而充分发挥社会效应，使扶贫开发工作社会化。

**1. 培育多元化的社会扶贫主体**　坚持“政府引导、多元主体、群众参与、精准扶贫”的原则，实现社会资源和精准扶贫有效对接。要培育多元化的社会扶贫主体，其一要大力倡导民营企业扶贫，鼓励各类企业通过资源开发、产业发展等形式到贫困地区投资、吸纳就业、捐资。政府要鼓励能够带动贫困地区致富增收、解决贫困人口就业的企业和社会组织，落实土地、税收、金融资本的相关政策支持。其二要鼓励社会团体、基金会、民办非企业单位等各类组织积极支持贫困地区的开发建设，同时充分发挥各民主党党派、无党派人士在人才、智力扶贫上的优势作用。地方政府和有关部门应为社会组织开展扶贫活动提供信息服务和业务指导，鼓励其参与社会扶贫资源动员、配置和使用等环节，建设充满活力的社会组织参与扶贫机制。其三要广泛动员个人参与扶贫开发，倡导全民公益的理念，开展丰富多样的体验走访活动以及多种形式的公益活动，畅通社会各阶层交流交融、互帮互助的渠道。引导港澳同胞、台湾同胞、海外华侨等爱心人士进行爱心捐赠、结对帮扶，从而积极动员全社会各个方面的力量都参与到扶贫开发的工作之中。

**2. 建立健全社会参与机制**　目前，企业、社会组织和个人通过多种方式积极参与扶贫开发，社会扶贫日益显现出巨大的发展潜力。但总体看来，我国的社会扶贫还存在着组织动员不够、政策支持不足、体制机制不完善、长期效果不明显等问题。在扶贫开发的工作之中，我们现阶段并不缺少想要扶贫济困的爱心和力量，但却缺少真实、有效、可靠的平台和参与渠道。很多时候，由于信息平台的不畅通，导致了扶贫力量的外流，无法形成有效的社会合力。我国当前扶贫工作已经进入了新的攻坚期，贫困人口规模大、贫困问题深，需要动员更多的社会力量参与，各级的党政机关和政府应进一步规范捐献平台、拓宽参与渠道，创新和完善社会扶贫参与机制。“十三五”规划纲要要求我们要建立

更加广泛的参与机制，健全东西部扶贫协作和党政机关、部队、人民团体、国有企业定点扶贫机制，从而形成政府、市场、社会协同推进的大扶贫格局。

在动员各方参与扶贫开发工作时，各级党委和政府要全面具体落实各项任务和举措，认真听取各方的意见，明确各方各部门的职责和分工，并且按照具体职责和分工对扶贫工作进行贯彻落实。要充分发挥各级贫困地区建设促进会的监测评估作用，适时组织第三方评估机构对扶贫开发工作实施情况和进度进行评估，就评估结果找问题、找原因，进行改进。

**3. 健全东西部扶贫开发协作机制** 我国经济发展与资源分布极为不平衡，东南沿海地区在经济实力和技术力量方面占优势，西部欠发达地区则在自然资源方面占优势，在发展模式和侧重点上各具特色。为促进贫困地区发展和贫困人口脱贫致富，党中央和国务院依据邓小平同志关于共同富裕理论制定了一项极具中国特色的重大战略决策和扶贫政策——东西部扶贫开发协作政策。东西扶贫协作政策是指改革开放以来党和国家动员组织东部较为发达的省（自治区）市县对西部欠发达的地区和部门进行经济援助和科技人才援助。加强东西扶贫协作领域专项社会组织建设，以整合扶贫资源、协调主体关系、维护整体利益为导向，以国际性、全国性、区域性的非政府组织、学术团体、基金会、行业协会、群众团体等竞争性和公益性非营利性组织为重点，以推动东西部扶贫协作为目标，以常设机构、固定人员和定期工作为依托，以制度化组织结构和普遍性行为规范为保障，构建开放的物资、人才、信息交流平台与社会协调系统。

## 第三节 加强脱贫攻坚队伍建设，精准选派第一书记

### 一、加强建设各级扶贫开发领导小组和工作机构

贫困问题是一个结构复杂且涉及面非常广的社会经济问题，要减贫乃至消灭贫困，必须发挥人的主观能动性，因此，扶贫开发的各级领导和工作机构的工作能力对实现共同富裕具有决定性的作用。要强化各级扶贫开发领导小组决策部署、统筹协调、督促落实、检查考核的职能，加强工作要求相适应的扶贫开发队伍和机构建设，完善各级扶贫开发机构的设置和职能，切实安排各级扶贫开发工作进度，扶贫开发任务重的乡镇要有专门负责的干部。要加强贫困地区县级领导干部和扶贫干部的思想作风建设，加大对思想、业务能力的培训力度，全面提升各级扶贫开发队伍的能力水平。

## 二、加强基层领导班子的建设，精准选派优秀青年干部驻村

我国现目前实施的是“中央统筹、省总负责、市具体落实”上下协同联动的工作责任机制，要达到上下联动、协同发力、协调运转的效果，基层干部具体落实工作的能力是必不可少的要素之一。

人才在脱贫工作之中发挥着重要作用，但人才在贫困地区的作用发挥经常受到各方面条件的限制和阻碍。各级党委和政府应当着力提供各方面的有利条件，消除不利条件的阻碍，强化人才队伍，在基层领导班子引进优秀人才，加强贫困地区基层党组织的建设。

2015 年 4 月，中央组织部、中央农村工作领导小组办公室、国务院扶贫领导小组办公室印发了《关于做好选派机关优秀干部到村任第一书记的通知》，就深入贯彻落实习近平总书记关于大抓基层、推动基层建设全面进步全面过硬和精准扶贫、精准脱贫等重要指示精神，对选派机关优秀干部到村任第一书记工作做出安排，强化队伍建设。各级党委要高度重视选派第一书记的工作，党委组织部门要牵头组织，做好协调和指导工作，农村工作办公室、扶贫等部门要开展涉农、扶贫等政策和技能培训，加强业务指导。要以求真务实的工作作风做好选派工作，力戒形式主义。

“农村富不富，关键在支部”，必须选择和任用优秀干部成为基层党组织的带头人。要优先选用政治素质高、工作能力强、熟悉“三农”工作的干部担任贫困村第一书记，夯实农村基层基础、改善农村面貌，带领贫困人口脱贫致富，从而充分发挥党组织团结带领群众脱贫致富的战斗堡垒作用。第一书记人选，可以从优秀大学生村官、创业致富能手、复退军人、返乡农民或者各级机关单位优秀年轻干部、后备干部和国有企事业单位优秀人员中选派。第一书记要从驻村的实际情况出发，在乡镇党委领导和指导下，紧紧依靠村党委组织，带领村“两委”成员开展工作，抓主要矛盾，解决矛盾。

根据贫困村的具体实际需要，精准选派驻村干部队。同时要根据重点贫困地区的实际需求，精准选配第一书记，选派思想好、作风正、能力强的优秀年轻干部到贫困地区驻村，充实扶贫开发的第一线。选配好村级组织的领导班子，有利于充分发挥党员的先锋模范作用；抓好以村党组织为核心的村级组织配套建设，可以提高村级党组织的创造力、凝聚力、战斗力。

要充分调动基层干部扶贫开发、主动为人民服务的积极性，要完善村一级组织运转经费保障机制，保障村级活动场所的建设。要将村干部薪酬、村办公经费支出和其他必要支出作为经费保障的重点。

要组织群众自觉广泛参与扶贫开发。要让群众参与到扶贫开发之中，加快推进贫困村村务监督委员会建设，继续落实好“四议两公开”、村务联席会议等制度，建立健全党组织领导的村民自治机制。在有实际需要的地区继续探索在村民小组或自然村开展村民自治，通过议事协商，推进群众广泛参与到扶贫开发的工作之中。

## 第四节　严格扶贫考核督查问责，全面依法推进脱贫攻坚

### 一、贯彻落实扶贫开发逐级督查问责制度

在动员全社会各方面力量参与扶贫开发工作时，各级党委和政府要落实各项任务举措，认真抓好各方面意见的贯彻落实，明确工作任务和责任分工，加大政策项目的实施力度，确保年年有总结部署和监督检查。中央和国家机关有关部门要按照职责分工，抓紧制订实施方案，细化相关具体政策措施。民政部、国务院扶贫开发领导小组办公室等部门和单位要加强对重点部门、重点地区扶贫开发工作情况的跟踪检查，制定考核、监督检查的标准，向党中央和国务院汇报。对于扶贫开发工作落实不到位的部门，各地区扶贫开发领导小组要向党中央和国务院提出责任追究建议并对减贫任务未完成省份的主要党政领导进行约谈。

各省、各自治区、各直辖市党委和政府要突出监督检查重点。要使脱贫攻坚工作在阳光下进行，加强监督，建立健全相应的逐级督查问责机制体制。要将“四风”和腐败问题、扶贫移民项目资金使用情况等作为监督问责的重点，厉行节约，严格控制“三公”经费，刹住贫困县“戴帽”炫富之风，严禁铺张浪费；各级党委政府要落实强化扶贫移民工作监督问责的主体责任。要加快出台对贫困县贫困绩效考核办法，大幅度提高减贫指标在贫困县经济社会发展实绩考核指标中的权重，建立扶贫工作责任清单；注重生态环境与保护，切实解决好制约发展的突出问题，加快落实对限制开发区和生态脆弱的贫困县取消地区生产总值考核的要求。各级党委政府要建立重大涉贫事件的处置、反馈机制，要严肃查处滞留、截留、挪用、挤占和套取扶贫款物等违法违纪行为，认真解决基层干部在扶贫移民项目建设和资金管理方面滥用职权、以权谋私、优亲厚友、贪污侵占等问题，确保每一分钱都用在贫困群众身上。在处置典型事件中发现问题，不断提高扶贫开发工作的水平，加强农村贫困统计监测体系的建设，提高监测能力和数据质量，实现数据共享。

## 二、全面建设法治扶贫，切实执行中央对省、自治区、直辖市扶贫工作考核办法

我们的制度、法规往往落后于经济社会的发展，这就要求我们在开展精准扶贫工作的同时完善其相关法律法规，使相关扶贫工作有法可依。在广大贫困落后地区的法制化环境相对落后的情况下，由于经济贫困与社会贫困的局限，贫困地区的广大群众与基层干部还局限于传统家庭社会、人情社会的生存生活空间中，贫困地区的人民群众受传统文化与落后文化的影响，漠视甚至排斥法律法规，这也使扶贫开发法治化建设受到文化环境的制约。在这种环境下，受传统的政府主导扶贫模式和扶贫地区行政生态的影响，贫困地区广大领导干部，特别是基层干部对扶贫开发的法律意识还比较薄弱，不能将法治贯彻于扶贫攻坚工作之中，不具有纪律组织性，越位、缺位、错位的现象时常发生。随意改变项目资金的用途，挪用资金甚至贪污腐败，将扶贫开发当成自己行使权力的重要手段，直接影响了扶贫开发法制执行的进展。

各级党委和政府应当切实履行责任，运用法治思维和法治方式推进扶贫开发工作。强化法治思维，在扶贫开发中，坚持贯彻落实社会主义法治，充分认识到“依法治国、执法为民、公平正义、服务大局、党的领导”社会主义法治“五位一体”的内在特征，加大贫困地区社会主义法治建设；坚持“中央统筹、省负总责、县抓落实”的扶贫管理体制战略，坚持“党政一把手”的扶贫开发工作责任制，坚持培养基层干部，特别是基层领导干部科学合理地运用法律法规。培养法治思维，运用法律逻辑与法律精神发现问题、认识问题、思考问题、解决问题；进一步优化贫困地区法制环境，大力培养贫困地区各级党政领导干部、企业负责人、司法部门等的法制意识，树立法治理念。同时，也要加强对贫困地区广大人民的普法教育，以典型案例、知识竞答、现身说法、设点宣传等形式提高他们的法律认知水平和法律意识。总体说来，在扶贫开发工作中，要从以下几方面入手：①在规划编制、项目安排、资金使用、监督管理等方面提高规范化、制度化、法制化水平；②加强贫困地区社会治安防护系统建设和基层执法队伍建设；③健全贫困地区公共法律服务制度，加快完善扶贫开发法律法规，抓紧制定扶贫开发条例，保障贫困人口的合法权益。各级领导干部要落实全面从严治党的主体责任，做到敢管敢治、严管严治、长管长治，营造风清气正的政治生态。

中共中央办公厅、国务院办公厅《省级党委和政府扶贫开发工作绩效考核办法》要求我国中西部22个省（包含直辖市、自治区）的党委和政府在考核扶贫开发的工作绩效时必须要坚持结果导向、奖惩分明，实行激励，同时落实

责任追究机制，促使省级（直辖市、自治区）党委和政府踏踏实实做好扶贫工作，切实履职尽责。同时，要围绕落实精准扶贫、精准脱贫的基本方略，坚持实际、客观公正、群众认可、规范的考核方式和程序，充分发挥社会效应。

要建立年度扶贫开发工作考核制度。应每年开展一次对重点地区和重点省扶贫开发工作进度和效果的考核，由国务院扶贫开发领导小组组织进行，具体工作由国务院扶贫开发领导小组办公室、中央组织部牵头。考核内容包括：①贫困地区的减贫效果，从数字和实际都要看到建档立卡贫困人口的减少、贫困县数量的减少、贫困地区农村居民收入的增加。②扶贫满意度的考核。要从贫困人口主体方面调查考核精准扶贫，考察驻村工作队和帮扶责任人帮扶工作的满意度。③对精准度的考核。精准度主要包括建档立卡识别贫困人口是否精准、贫困人口的退出是否精准。④扶贫资金使用考评。要依据财政专项扶贫资金绩效考评办法，重点考核各省、直辖市、自治区扶贫资金的安排使用、监管和成效。

在省级党委和政府实施了工作考核之后，首先要在省一级进行总结，各省、直辖市、自治区党委和政府要按照国务院扶贫开发领导小组审定的年度减贫计划形成总结报告，再将报告报送国务院扶贫开发领导小组。其次要进行第三方评估，国务院扶贫开发领导小组办公室委托有关科研机构和社会组织，采取专项调查、抽样调查和实地核查等专业调查方式对贫困地区的实际数据与国务院扶贫开发领导小组办公室所指定的相关考核指标进行比对和考核。再次是数据的汇总，国务院扶贫开发领导小组办公室将与有关部门对建档立卡动态监测数据、国家农村贫困监测调查数据、第三方评估和财政专项扶贫资金绩效考评情况等进行汇总整理。最后进行综合评价，国务院扶贫开发领导小组办公室与有关部门对汇总数据，各省、直辖市、自治区报送的总结报告进行综合分析，形成能反映基本情况、指标分析、存在问题的考核报告，并就存在的问题提出处理建议，再与各省进行沟通反馈。

# 附　　录

## 国务院关于印发“十三五”脱贫攻坚规划的通知

（2016 年 11 月 23 日）

消除贫困、改善民生、逐步实现共同富裕，是社会主义的本质要求，是我们党的重要使命。“十三五”时期，是全面建成小康社会、实现第一个百年奋斗目标的决胜阶段，也是打赢脱贫攻坚战的决胜阶段。本规划根据《中国农村扶贫开发纲要（2011—2020 年）》《中共中央 国务院关于打赢脱贫攻坚战的决定》和《中华人民共和国国民经济和社会发展第十三个五年规划纲要》编制，主要阐明“十三五”时期国家脱贫攻坚总体思路、基本目标、主要任务和重大举措，是指导各地脱贫攻坚工作的行动指南，是各有关方面制定相关扶贫专项规划的重要依据。

规划范围包括 14 个集中连片特困地区的片区县、片区外国家扶贫开发工作重点县，以及建档立卡贫困村和建档立卡贫困户。

### 第一章　总体要求

#### 第一节　面临形势

改革开放以来，在全党全社会的共同努力下，我国成功解决了几亿农村贫困人口的温饱问题，成为世界上减贫人口最多的国家，探索和积累了许多宝贵经验。党的十八大以来，以习近平同志为核心的党中央把扶贫开发摆到治国理政的重要位置，提升到事关全面建成小康社会、实现第一个百年奋斗目标的新高度，纳入“五位一体”总体布局和“四个全面”战略布局进行决策部署，加大扶贫投入，创新扶贫方式，出台系列重大政策措施，扶贫开发取得巨大成就。2011 年至 2015 年，现行标准下农村贫困人口减少 1 亿多人、贫困发生率降低 11.5 个百分点，贫困地区农民收入大幅提升，贫困人口生产生活条件明显改善，上学难、就医难、行路难、饮水不安全等问题逐步缓解，基本公共服务水平与全国平均水平差距趋于缩小，为打赢脱贫攻坚战创造了有利条件。

当前，贫困问题依然是我国经济社会发展中最突出的“短板”，脱贫攻坚形势复杂严峻。从贫困现状看，截至 2015 年年底，我国还有 5 630 万农村建档立卡贫困人口，主要分布在 832 个国家扶贫开发工作重点县、集中连片特困地区县（以下统称贫困县）和 12.8 万个建档立卡贫困村，多数西部省份的贫困发生率在 10%以上，民族 8 省区贫困发生率达 12.1%。现有贫困人口贫困程度更深、减贫成本更高、脱贫难度更大，依靠常规举措难以摆脱贫困状况。从发展环境看，经济形势更加错综复杂，经济下行压力大，地区经济发展分化对缩小贫困地区与全国发展差距带来新挑战；贫困地区县级财力薄弱，基础设施瓶颈制约依然明显，基本公共服务供给能力不足；产业发展活力不强，结构单一，环境约束趋紧，粗放式资源开发模式难以为继；贫困人口就业渠道狭窄，转移就业和增收难度大。实现到 2020 年打赢脱贫攻坚战的目标，时间特别紧迫，任务特别艰巨。

“十三五”时期，新型工业化、信息化、城镇化、农业现代化同步推进和国家重大区域发展战略加快实施，为贫困地区发展提供了良好环境和重大机遇，特别是国家综合实力不断增强，为打赢脱贫攻坚战奠定了坚实的物质基础。中央扶贫开发工作会议确立了精准扶贫、精准脱贫基本方略，党中央、国务院制定出台了系列重大政策措施，为举全国之力打赢脱贫攻坚战提供了坚强的政治保证和制度保障；各地区各部门及社会各界积极行动、凝神聚气、锐意进取，形成强大合力；贫困地区广大干部群众盼脱贫、谋发展的意愿强烈，内生动力和活力不断激发，脱贫攻坚已经成为全党全社会的统一意志和共同行动。

打赢脱贫攻坚战，确保到 2020 年现行标准下农村贫困人口实现脱贫，是促进全体人民共享改革发展成果、实现共同富裕的重大举措，是促进区域协调发展、跨越“中等收入陷阱”的重要途径，是促进民族团结、边疆稳固的重要保证，是全面建成小康社会的重要内容，是积极响应联合国 2030 年可持续发展议程的重要行动，事关人民福祉，事关党的执政基础和国家长治久安，使命光荣、责任重大。

## 第二节　指导思想

全面贯彻党的十八大和十八届三中、四中、五中、六中全会以及中央扶贫开发工作会议精神，深入贯彻习近平总书记系列重要讲话精神和治国理政新理念新思想新战略，统筹推进“五位一体”总体布局和协调推进“四个全面”战略布局，牢固树立和贯彻落实创新、协调、绿色、开放、共享的发展理念，按照党中央、国务院决策部署，坚持精准扶贫、精准脱贫基本方略，坚持精准帮扶与区域整体开发有机结合，以革命老区、民族地区、边疆地区和集中连片特困地区为重点，以社会主义政治制度为根本保障，不断创新体制机制，充分发挥政府、市场和社会协同作用，充分调动贫困地区干部群众的内生动力，大力推进实施一批脱贫攻坚工程，加快破解贫困地区区域发展瓶颈制约，不断增强贫困地区和贫困人口自我发展能力，确保与全国同步进入全面小康社会。

必须遵循以下原则：

——坚持精准扶贫、精准脱贫。坚持以“六个精准”统领贫困地区脱贫攻坚工作，精确瞄准、因地制宜、分类施策，大力实施精准扶贫脱贫工程，变“大水漫灌”为“精准滴灌”，做到真扶贫、扶真贫、真脱贫。

——坚持全面落实主体责任。充分发挥政治优势和制度优势，强化政府在脱贫攻坚中的主体责任，创新扶贫考评体系，加强脱贫成效考核。按照中央统筹、省负总责、市县抓落实的工作机制，坚持问题导向和目标导向，压实责任、强力推进。

——坚持统筹推进改革创新。脱贫攻坚工作要与经济社会发展各领域工作相衔接，与新型工业化、信息化、城镇化、农业现代化相统筹，充分发挥政府主导和市场机制作用，稳步提高贫困人口增收脱贫能力，逐步解决区域性整体贫困问题。加强改革创新，不断完善资金筹措、资源整合、利益联结、监督考评等机制，形成有利于发挥各方面优势、全社会协同推进的大扶贫开发格局。

——坚持绿色协调可持续发展。牢固树立绿水青山就是金山银山的理念，把贫困地区生态环境保护摆在更加重要位置，探索生态脱贫有效途径，推动扶贫开发与资源环境相协调、脱贫致富与可持续发展相促进，使贫困人口从生态保护中得到更多实惠。

——坚持激发群众内生动力活力。坚持群众主体地位，保障贫困人口平等参与、平等发展权利，充分调动贫困地区广大干部群众积极性、主动性、创造性，发扬自强自立精神，依靠自身努力改变贫困落后面貌，实现光荣脱贫。

## 第三节　脱贫目标

到 2020 年，稳定实现现行标准下农村贫困人口不愁吃、不愁穿，义务教育、基本医疗和住房安全有保障（以下称“两不愁、三保障”）。贫困地区农民人均可支配收入比 2010 年翻一番以上，增长幅度高于全国平均水平，基本公共服务主要领域指标接近全国平均水平。确保我国现行标准下农村贫困人口实现脱贫，贫困县全部摘帽，解决区域性整体贫困。

**“十三五”时期贫困地区发展和贫困人口脱贫主要指标**

| 指　　标 | 2015 年 | 2020 年 | 属性 | 数据来源 |
|---|---|---|---|---|
| 建档立卡贫困人口（万人） | 5 630① | 实现脱贫 | 约束性 | 国务院扶贫办 |
| 建档立卡贫困村（万个） | 12.8 | 0 | 约束性 | 国务院扶贫办 |
| 贫困县（个） | 832② | 0 | 约束性 | 国务院扶贫办 |
| 实施易地扶贫搬迁贫困人口（万人） | — | 981 | 约束性 | 国家发展改革委、国务院扶贫办 |
| 贫困地区农民人均可支配收入增速（%） | 11.7 | 年均增速高于全国平均水平 | 预期性 | 国家统计局 |
| 贫困地区农村集中供水率（%） | 75 | ≥83 | 预期性 | 水利部 |
| 建档立卡贫困户存量危房改造率（%） | — | 近 100 | 约束性 | 住房城乡建设部、国务院扶贫办 |
| 贫困县义务教育巩固率（%） | 90 | 93 | 预期性 | 教育部 |
| 建档立卡贫困户因病致（返）贫户数（万户） | 838.5 | 基本解决 | 预期性 | 国家卫生计生委 |
| 建档立卡贫困村村集体经济年收入（万元） | 2 | ≥5 | 预期性 | 国务院扶贫办 |

——现行标准下农村建档立卡贫困人口实现脱贫。贫困户有稳定收入来源，人均可支配收入稳定超过国家扶贫标准，实现“两不愁、三保障”。

——建档立卡贫困村有序摘帽。村内基础设施、基本公共服务设施和人居环境明显改善，基本农田和农田水利等设施水平明显提高，特色产业基本形成，集体经济有一定规模，社区管理能力不断增强。

——贫困县全部摘帽。县域内基础设施明显改善，基本公共服务能力和水平进一步提升，全面解决出行难、上学难、就医难等问题，社会保障实现全覆盖，县域经济发展壮大，生态环境有效改善，可持续发展能力不断增强。

① 国家统计局抽样统计调查显示，截至 2015 年年底全国农村贫困人口为 5 575 万人。根据国务院扶贫办扶贫开发建档立卡信息系统识别认定，截至 2015 年底全国农村建档立卡贫困人口为 5 630 万人。按照精准扶贫、精准脱贫要求，为确保脱贫一户、销号一户，本规划使用扶贫开发建档立卡信息系统核定的贫困人口数。

② 此外，还有新疆维吾尔自治区阿克苏地区 6 县 1 市享受片区政策。

# 第二章　产业发展脱贫

立足贫困地区资源禀赋，以市场为导向，充分发挥农民合作组织、龙头企业等市场主体作用，建立健全产业到户到人的精准扶持机制，每个贫困县建成一批脱贫带动能力强的特色产业，每个贫困乡、村形成特色拳头产品，贫困人口劳动技能得到提升，贫困户经营性、财产性收入稳定增加。

## 第一节　农林产业扶贫

优化发展种植业。粮食主产县要大规模建设集中连片、旱涝保收、稳产高产、生态友好的高标准农田，巩固提升粮食生产能力。非粮食主产县要大力调整种植结构，重点发展适合当地气候特点、经济效益好、市场潜力大的品种，建设一批贫困人口参与度高、受益率高的种植基地，大力发展设施农业，积极支持园艺作物标准化创建。适度发展高附加值的特色种植业。生态退化地区要坚持生态优先，发展低耗水、有利于生态环境恢复的特色作物种植，实现种地养地相结合。

积极发展养殖业。因地制宜在贫困地区发展适度规模标准化养殖，加强动物疫病防控工作，建立健全畜禽水产良种繁育体系，加强地方品种保护与利用，发展地方特色畜牧业。通过实施退牧还草等工程和草原生态保护补助奖励政策，提高饲草供给能力和质量，大力发展草食畜牧业，坚持草畜平衡。积极推广适合贫困地区发展的农牧结合、粮草兼顾、生态循环种养模式。有序发展健康水产养殖业，加快池塘标准化改造，推进稻田综合种养工程，积极发展环保型养殖方式，打造区域特色水产生态养殖品牌。

大力发展林产业。结合国家生态建设工程，培育一批兼具生态和经济效益的特色林产业。因地制宜大力推进木本油料、特色林果、林下经济、竹藤、花卉等产业发展，打造一批特色示范基地，带动贫困人口脱贫致富。着力提高木本油料生产加工水平，扶持发展以干鲜果品、竹藤、速生丰产林、松脂等为原料的林产品加工业。

促进产业融合发展。深度挖掘农业多种功能，培育壮大新产业、新业态，推进农业与旅游、文化、健康养老等产业深度融合，加快形成农村一、二、三产业融合发展的现代产业体系。积极发展特色农产品加工业，鼓励地方扩大贫困地区农产品产地初加工补助政策实施区域，加强农产品加工技术研发、引进、示范和推广。引导农产品加工业向贫困地区县域、重点乡镇和产业园区集中，打造产业集群。推动农产品批发市场、产地集配中心等流通基础设施以及鲜活农产品冷链物流设施建设，促进跨区域农产品产销衔接。加快实施农业品牌战略，积极培育品牌特色农产品，促进供需结构升级。加快发展无公害农产品、绿色食品、有机农产品和地理标志农产品。

扶持培育新型经营主体。培育壮大贫困地区农民专业合作社、龙头企业、种养大户、家庭农（林）场、股份制农（林）场等新型经营主体，支持发展产供直销，鼓励采取订单帮扶模式对贫困户开展定向帮扶，提供全产业链服务。支持各类新型经营主体通过土地托管、土地流转、订单农业、牲畜托养、土地经营权股份合作等方式，与贫困村、贫困户建立稳定的利益联结机制，使贫困户从中直接受益。鼓励贫困地区各类企业开展农业对外合作，提升经营管理水平，扩大农产品出口。推进贫困地区农民专业合作社示范社创建，鼓励组建联合社。现代青年农场主培养计划向贫困地区倾斜。

加大农林技术推广和培训力度。强化贫困地区基层农业技术推广体系建设。鼓励科研机构和企业加强对地方特色动植物资源、优良品种的保护和开发利用。支持农业科研机构、技术推广机构建立互联网信息帮扶平台，向贫困户免费传授技术、提供信息。强化新型职业农民培育，扩大贫困地区培训覆盖面，实施农村实用人才带头人和大学生村官示范培训，加大对脱贫致富带头人、驻村工作队和大学生村官培养力度。对农村贫困家庭劳动力进行农林技术培训，确保有劳动力的贫困户中至少有1名成员掌握1项实用技术。

### 专栏1　产业扶贫工程

**（一）农林种养产业扶贫工程。**

重点实施“一村一品”强村富民、粮油扶贫、园艺作物扶贫、畜牧业扶贫、水产扶贫、中草药扶贫、林果扶贫、木本油料扶贫、林下经济扶贫、林木种苗扶贫、花卉产业扶贫、竹产业扶贫等专项工程。

**（二）农村一、二、三产业融合发展试点示范工程。**

支持农业集体经济组织、新型经营主体、企业、合作社开展原料基地、农产品加工、营销平台等生产流通设施建设，鼓励贫困地区因地制宜发展产业园区，以发展劳动密集型项目为主，带动当地贫困人口就地就近就业。

**（三）贫困地区培训工程。**

重点实施新型经营主体培育、新型职业农民培育、农村实用人才带头人和大学生村官示范培训、致富带头人培训、农民手机应用技能培训等专项工程。

## 第二节　旅游扶贫

因地制宜发展乡村旅游。开展贫困村旅游资源普查和旅游扶贫摸底调查，建立乡村旅游扶贫工程重点村名录。以具备发展乡村旅游条件的2.26万个建档立卡贫困村为乡村旅游扶贫重点，推进旅游基础设施建设，实施乡村旅游后备箱工程、旅游基础设施提升工程等一批旅游扶贫重点工程，打造精品旅游线路，推动游客资源共享。安排贫困人口旅游服务能力培训和就业。

大力发展休闲农业。依托贫困地区特色农产品、农事景观及人文景观等资源，积极发展带动贫困人口增收的休闲农业和森林休闲健康养生产业。实施休闲农业和乡村旅游提升工程，加强休闲农业聚集村、休闲农业园等配套服务设施建设，培育扶持休闲农业新型经营主体，促进农业与旅游观光、健康养老等产业深度融合。引导和支持社会资本开发农民参与度高、受益面广的休闲农业项目。

积极发展特色文化旅游。打造一批辐射带动贫困人口就业增收的风景名胜区、特色小镇，实施特色民族村镇和传统村落、历史文化名镇名村保护与发展工程。依托当地民族特色文化、红色文化、乡土文化和非物质文化遗产，大力发展贫困人口参与并受益的传统文化展示表演与体验活动等乡村文化旅游。开展非物质文化遗产生产性保护，鼓励民族传统工艺传承发展和产品生产销售。坚持创意开发，推出具有地方特点的旅游商品和纪念品。支持农村贫困家庭妇女发展家庭手工旅游产品。

### 专栏2　旅游扶贫工程

**（一）旅游基础设施提升工程。**

支持中西部地区重点景区、乡村旅游、红色旅游、集中连片特困地区生态旅游交通基础设施建设，加快风景名胜区和重点村镇旅游集聚区旅游基础设施和公共服务设施建设。对乡村旅游经营户实施改厨、改厕、改院落、整治周边环境工程，支持国家扶贫开发工作重点县、集中连片特困地区县中具备条件的6 130个村的基础设施建设。支持贫困村周边10公里范围内具备条件的重点景区基础设施建设。

**（二）乡村旅游产品建设工程。**

鼓励各类资本和大学生、返乡农民工等参与贫困村旅游开发。鼓励开发建设休闲农庄、乡村酒店、特色民宿以及自驾露营、户外运动和养老养生等乡村旅游产品，培育1 000家乡村旅游创客基地，建成一批金牌农家乐、A级旅游景区、中国风情小镇、特色景观旅游名镇名村、中国度假乡村、中国精品民宿。

**（三）休闲农业和乡村旅游提升工程。**

在贫困地区扶持建设一批休闲农业聚集村、休闲农庄、休闲农业园、休闲旅游合作社。认定推介一批休闲农业和乡村旅游示范县，推介一批中国美丽休闲乡村，加大品牌培育力度，鼓励创建推介有地方特色的休闲农业村、星级户、精品线路等，逐步形成品牌体系。

**（四）森林旅游扶贫工程。**

推出一批森林旅游扶贫示范市、示范县、示范景区，确定一批重点森林旅游地和特色旅游线路，鼓励发展“森林人家”，打造多元化旅游产品。

**（五）乡村旅游后备箱工程。**

鼓励和支持农民将当地农副土特产品、手工艺品通过自驾车旅游渠道就地就近销售，推出一批乡村旅游优质农产品推荐名录。到2020年，全国建设1 000家“乡村旅游后备箱工程示范基地”，支持在临近的景区、高速公路服务区设立特色农产品销售店。

**（六）乡村旅游扶贫培训宣传工程。**

培养一批乡村旅游扶贫培训师。鼓励各地设立一批乡村旅游教学基地和实训基地，对乡村旅游重点村负责人、乡村旅游带头人、从业人员等分类开展旅游经营管理和服务技能培训。2020年前，每年组织1 000名乡村旅游扶贫重点村村官开展乡村旅游培训。开展“乡村旅游＋互联网”万村千店扶贫专项行动，加大对贫困地区旅游线路、旅游产品、特色农产品等宣传推介力度。组织开展乡村旅游扶贫公益宣传。鼓励各地打造一批具有浓郁地方特色的乡村旅游节庆活动。

## 第三节　电商扶贫

培育电子商务市场主体。将农村电子商务作为精准扶贫的重要载体，把电子商务纳入扶贫开发工作体系，以建档立卡贫困村为工作重点，提升贫困户运用电子商务创业增收的能力。依托农村现有组织资源，积极培育农村电子商务市场主体。发挥大型电商企业孵化带动作用，支持有意愿的贫困户和带动贫困户的农民专业合作社开办网上商店，鼓励引导电商和电商平台企业开辟特色农产品网上销售平台，与合作社、种养大户建立直采直供关系。加快物流配送体系建设，鼓励邮政、供销合作等系统在贫困乡村建立和改造服务网点，引导电商平台企业拓展农村业务，加强农产品网上销售平台建设。实施电商扶贫工程，逐步形成农产品进城、工业品下乡的双向流通服务网络。对贫困户通过电商平台创业就业的，鼓励地方政府和电商企业免费提供网店设计、推介服务和经营管理培训，给予网络资费补助和小额信贷支持。

改善农村电子商务发展环境。加强交通、商贸流通、供销合作、邮政等部门及大型电商、快递企业信息网络共享衔接，鼓励多站合一、服务同网。加快推进适应电子商务的农产品质量标准体系和可追溯体系建设以及分等分级、包装运输标准制定和应用。

### 专栏 3 电商扶贫工程

通过设备和物流补助、宽带网络优惠、冷链建设、培训支持等方式实施电商扶贫工程。鼓励有条件的地方和电商企业，对贫困村电商站、设备配置以及代办物流快递服务点等，给予适当补助和小额信贷支持；当地电信运营企业根据用户需求负责宽带入户建设，鼓励电信运营企业对贫困村网络流量资费给予适当优惠；在有条件的贫困村建设一批生鲜冷链物流设施。

## 第四节 资产收益扶贫

组织开展资产收益扶贫工作。鼓励和引导贫困户将已确权登记的土地承包经营权入股企业、合作社、家庭农（林）场与新型经营主体形成利益共同体，分享经营收益。积极推进农村集体资产、集体所有的土地等资产资源使用权作价入股，形成集体股权并按比例量化到农村集体经济组织。财政扶贫资金、相关涉农资金和社会帮扶资金投入设施农业、养殖、光伏、水电、乡村旅游等项目形成的资产，可折股量化到农村集体经济组织，优先保障丧失劳动能力的贫困户。建立健全收益分配机制，强化监督管理，确保持股贫困户和农村集体经济组织分享资产收益。创新水电、矿产资源开发占用农村集体土地的补偿补助方式，在贫困地区选择一批项目开展资源开发资产收益扶贫改革试点。通过试点，形成可复制、可推广的模式和制度，并在贫困地区推广，让贫困人口分享资源开发收益。

### 专栏 4 资产收益扶贫工程

**（一）光伏扶贫工程。**

在前期开展试点、光照条件较好的 5 万个建档立卡贫困村实施光伏扶贫，保障 280 万无劳动能力建档立卡贫困户户均年增收 3 000 元以上。其他光照条件好的贫困地区可因地制宜推进实施。

**（二）水库移民脱贫工程。**

完善地方水库移民扶持基金分配制度，在避险解困、产业发展、技能培训、教育卫生等方面向贫困水库移民倾斜，探索实施水库移民扶持基金对贫困水库移民发展产业的直接补助、贷款贴息、担保服务、小额贷款保证保险保费补助、资产收益扶贫等扶持政策。

**（三）农村小水电扶贫工程。**

在总结试点经验基础上，全面实施农村小水电扶贫工程。建设农村小水电扶贫装机200万千瓦，让贫困地区1万个建档立卡贫困村的100万贫困农户每年稳定获得小水电开发收益，助力贫困户脱贫。

## 第五节　科技扶贫

促进科技成果向贫困地区转移转化。组织高等学校、科研院所、企业等开展技术攻关，解决贫困地区产业发展和生态建设关键技术问题。围绕全产业链技术需求，加大贫困地区新品种、新技术、新成果的开发、引进、集成、试验、示范力度，鼓励贫困县建设科技成果转化示范基地，围绕支柱产业转化推广5万项以上先进适用技术成果。

提高贫困人口创新创业能力。深入推行科技特派员制度，基本实现特派员对贫困村科技服务和创业带动全覆盖。鼓励和支持高等院校、科研院所发挥科技优势，为贫困地区培养科技致富带头人。大力实施边远贫困地区、边疆民族地区和革命老区人才支持计划科技人员专项计划，引导支持科技人员与贫困户结成利益共同体，创办、领办、协办企业和农民专业合作社，带动贫困人口脱贫。加强乡村科普工作，为贫困群众提供线上线下、点对点、面对面的培训。

加强贫困地区创新平台载体建设。支持贫困地区建设一批“星创天地”、科技园区等科技创新载体。充分发挥各类科技园区在扶贫开发中的技术集中、要素聚集、应用示范、辐射带动作用，通过“科技园区＋贫困村＋贫困户”的方式带动贫困人口脱贫。推动高等学校新农村发展研究院在贫困地区建设一批农村科技服务基地。实施科技助力精准扶贫工程，在贫困地区支持建设1 000个以上农技协联合会（联合体）和10 000个以上农村专业技术协会。

# 第三章　转移就业脱贫

加强贫困人口职业技能培训和就业服务，保障转移就业贫困人口合法权益，开展劳务协作，推进就地就近转移就业，促进已就业贫困人口稳定就业和有序实现市民化、有劳动能力和就业意愿未就业贫困人口实现转移就业。

## 第一节　大力开展职业培训

完善劳动者终身职业技能培训制度。针对贫困家庭中有转移就业愿望劳动力、已转移就业劳动力、新成长劳动力的特点和就业需求，开展差异化技能培训。整合各部门各行业培训资源，创新培训方式，以政府购买服务形式，通过农林技术培训、订单培训、定岗培训、定向培训、“互联网＋培训”等方式开展就业技能培训、岗位技能提升培训和创业培训。加强对贫困家庭妇女的职业技能培训和就业指导服务。支持公共实训基地建设。

提高贫困家庭农民工职业技能培训精准度。深入推进农民工职业技能提升计划，加强对已外出务工贫困人口的岗位培训。继续开展贫困家庭子女、未升学初高中毕业生（俗称“两后生”）、农民工免费职业培训等专项行动，提高培训的针对性和有效性。实施农民工等人员返乡创业培训五年行动计划（2016—2020年）、残疾人职业技能提升计划。

## 第二节　促进稳定就业和转移就业

加强对转移就业贫困人口的公共服务。输入地政府对已稳定就业的贫困人口予以政策支持，将符合条件的转移人口纳入当地住房保障范围，完善随迁子女在当地接受义务教育和参加中高考政策，保障其本人及随迁家属平等享受城镇基本公共服务。支持输入地政府吸纳贫困人口转移就业和落户。为外出务工的贫困人口提供法律援助。

开展地区间劳务协作。建立健全劳务协作信息共享机制。输出地政府与输入地政府要加强劳务信息共享和劳务协作对接工作，全面落实转移就业相关政策措施。输出地政府要摸清摸准贫困家庭劳动力状况和外出务工意愿，输入地政府要协调提供就业信息和岗位，采取多种方式协助做好就业安置工作。对到东部地区或省内经济发达地区接受职业教育和技能培训的贫困家庭“两后生”，培训地政府要帮助有意愿的毕业生在当地就业。建立健全转移就业工作考核机制。输出地政府和输入地政府要加强对务工人员的禁毒法制教育。

推进就地就近转移就业。建立定向培训就业机制，积极开展校企合作和订单培训。将贫困人口转移就业与产业聚集园区建设、城镇化建设相结合，鼓励引导企业向贫困人口提供就业岗位。财政资金支持的企业或园区，应优先安排贫困人口就业，资金应与安置贫困人口就业任务相挂钩。支持贫困户自主创业，鼓励发展居家就业等新业态，促进就地就近就业。

## 专栏5 就业扶贫行动

**（一）劳务协作对接行动。**

依托东西部扶贫协作机制和对口支援工作机制，开展省际劳务协作，同时积极推动省内经济发达地区和贫困县开展劳务协作。围绕实现精准对接、促进稳定就业的目标，通过开发岗位、劳务协作、技能培训等措施，带动一批未就业贫困劳动力转移就业，帮助一批已就业贫困劳动力稳定就业，帮助一批贫困家庭未升学初高中毕业生就读技工院校毕业后实现技能就业。

**（二）重点群体免费职业培训行动。**

组织开展贫困家庭子女、未升学初高中毕业生等免费职业培训。到2020年，力争使新进入人力资源市场的贫困家庭劳动力都有机会接受1次就业技能培训；使具备一定创业条件或已创业的贫困家庭劳动力都有机会接受1次创业培训。

**（三）春潮行动。**

到2020年，力争使各类农村转移就业劳动者都有机会接受1次相应的职业培训，平均每年培训800万人左右，优先保障有劳动能力的建档立卡贫困人口培训。

**（四）促进建档立卡贫困劳动者就业。**

根据建档立卡贫困劳动者就业情况，分类施策、精准服务。对已就业的，通过跟踪服务、落实扶持政策，促进其稳定就业。对未就业的，通过健全劳务协作机制、开发就业岗位、强化就业服务和技能培训，促进劳务输出和就地就近就业。

**（五）返乡农民工创业培训行动。**

实施农民工等人员返乡创业培训五年行动计划（2016—2020年），推进建档立卡贫困人口等人员返乡创业培训工作。到2020年，力争使有创业要求和培训愿望、具备一定创业条件或已创业的贫困家庭农民工等人员，都能得到1次创业培训。

**（六）技能脱贫千校行动。**

在全国组织千所省级重点以上的技工院校开展技能脱贫千校行动，使每个有就读技工院校意愿的贫困家庭应、往届“两后生”都能免费接受技工教育，使每个有劳动能力且有参加职业培训意愿的贫困家庭劳动力每年都能到技工院校接受至少1次免费职业培训，对接受技工教育和职业培训的贫困家庭学生（学员）推荐就业。加大政策支持，对接受技工教育的，落实助学金、免学费和对家庭给予补助的政策，制定并落实减免学生杂费、书本费和给予生活费补助的政策；对接受职业培训的，按规定落实职业培训、职业技能鉴定补贴政策。

# 第四章　易地搬迁脱贫

组织实施好易地扶贫搬迁工程，确保搬迁群众住房安全得到保障，饮水安全、出行、用电等基本生活条件得到明显改善，享有便利可及的教育、医疗等基本公共服务，迁出区生态环境得到有效治理，确保有劳动能力的贫困家庭后续发展有门路、转移就业有渠道、收入水平不断提高，实现建档立卡搬迁人口搬得出、稳得住、能脱贫。

## 第一节　精准识别搬迁对象

合理确定搬迁范围和对象。以扶贫开发建档立卡信息系统识别认定结果为依据，以生活在自然条件严酷、生存环境恶劣、发展条件严重欠缺等“一方水土养不起一方人”地区的农村建档立卡贫困人口为对象，以省级政府批准的年度搬迁进度安排为主要参考，确定易地扶贫搬迁人口总规模和年度搬迁任务。

确保建档立卡贫困人口应搬尽搬。在充分尊重群众意愿基础上，加强宣传引导和组织动员，保障搬迁资金，确保符合条件的建档立卡贫困人口应搬尽搬。统筹规划同步搬迁人口。

## 第二节　稳妥实施搬迁安置

因地制宜选择搬迁安置方式。根据水土资源条件、经济发展环境和城镇化进程，按照集中安置与分散安置相结合、以集中安置为主的原则选择安置方式和安置区（点）。采取集中安置的，可依托移民新村、小城镇、产业园区、旅游景区、乡村旅游区等适宜区域进行安置，并做好配套建设。采取分散安置的，可选择“插花”、进城务工、投亲靠友等方式进行安置，也可在确保有房可住、有业可就的前提下，采取货币化方式进行安置。地方各级政府要结合本地实际，加强安置区（点）建设方案研究论证工作，将安置区（点）后续产业发展和搬迁人口就业等安排情况纳入建设方案专章表述，并做好推进落实工作。鼓励地方选择基础较好、具备条件的安置区（点），开展低碳社区建设试点。

合理确定住房建设标准。按照“保障基本、安全适用”的原则规划建设安置住房，严格执行建档立卡搬迁户人均住房建设面积不超过 25 平方米的标准。在稳定脱贫前，建档立卡搬迁户不得自行举债扩大安置住房建设面积。合理制定建房补助标准和相关扶持政策，鼓励地方因地制宜采取差异化补助标准。国家易地扶贫搬迁政策范围内的建房补助资金，应以建档立卡搬迁户人口数量为依据进行核算和补助，不得变相扩大或缩小补助范围。同步搬迁人口所需建房资金，由省级及以下政府统筹相关资源、农户自筹资金等解决，安置区（点）配套基础设施和公共服务设施可一并统筹规划、统一建设。

配套建设基础设施和公共服务设施。按照“规模适度、功能合理、经济安全、环境整洁、宜居宜业”的原则，配套建设安置区（点）水、电、路、邮政、基础电信网络以及污水、垃圾处理等基础设施，完善安置区（点）商业网点、便民超市、集贸市场等生活服务设施以及必要的教育、卫生、文化体育等公共服务设施。

拓展资金筹措渠道。加大中央预算内投资支持力度，创新投融资机制，安排专项建设基金和地方政府债券资金作为易地扶贫搬迁项目资本金，发行专项金融债券筹集贷款资金支持易地扶贫搬迁工作。建立或明确易地扶贫搬迁省级投融资主体和市县项目实施主体，负责资金承接运作和工程组织实施。地方政府要统筹可支配财力，用好用活城乡建设用地增减挂钩政策，支持省级投融资主体还贷。易地扶贫搬迁资金如有节余，可用于支持搬迁贫困人口后续产业发展。

## 第三节　促进搬迁群众稳定脱贫

大力发展安置区（点）优势产业。将安置区（点）产业发展纳入当地产业扶贫规划，统筹整合使用财政涉农资金，支持搬迁贫困人口大力发展后续产业。支持“有土安置”的搬迁户通过土地流转等方式开展适度规模经营，发展特色产业。建立完善新型农业经营主体与搬迁户的利益联结机制，确保每个建档立卡搬迁户都有脱贫致富产业或稳定收入来源。

多措并举促进建档立卡搬迁户就业增收。结合农业园区、工业园区、旅游景区和小城镇建设，引导搬迁群众从事种养加工、商贸物流、家政服务、物业管理、旅游服务等工作。在集中安置区（点）开发设立卫生保洁、水暖、电力维修等岗位，为建档立卡贫困人口提供就地就近就业机会，解决好养老保险、医疗保险等问题。鼓励工矿企业、农业龙头企业优先聘用建档立卡搬迁人口。支持安置区（点）发展物业经济，将商铺、厂房、停车场等营利性物业产权量化到建档立卡搬迁户。

促进搬迁人口融入当地社会。引导搬迁人口自力更生，积极参与住房建设、配套设施建设、安置区环境改善等工作，通过投工投劳建设美好家园。加强对易地搬迁人口的心理疏导和先进文化教育，培养其形成与新环境相适应的生产方式和生活习惯。优化安置区（点）社区管理服务，营造开放包容的社区环境，积极引导搬迁人口参与当地社区管理和服务，增强其主人翁意识和适应新生活的信心，使搬迁群众平稳顺利融入当地社会。

**专栏6 易地扶贫搬迁工程**

“十三五”期间，对全国22个省（区、市）约1 400个县（市、区）981万建档立卡贫困人口实施易地扶贫搬迁，按人均不超过25平方米的标准建设住房，同步开展安置区（点）配套基础设施和基本公共服务设施建设、迁出区宅基地复垦和生态修复等工作。安排中央预算内投资、地方政府债券、专项建设基金、长期贴息贷款和农户自筹等易地扶贫搬迁资金约6 000亿元。同步搬迁人口建房所需资金，以地方政府补助和农户自筹为主解决，鼓励开发银行、农业发展银行对符合条件的项目给予优惠贷款支持。在分解下达城乡建设用地增减挂钩指标时，向易地扶贫搬迁省份倾斜。允许贫困县将城乡建设用地增减挂钩节余指标在省域范围内流转使用，前期使用贷款进行拆迁安置、基础设施建设和土地复垦。

## 第五章 教育扶贫

以提高贫困人口基本文化素质和贫困家庭劳动力技能为抓手，瞄准教育最薄弱领域，阻断贫困的代际传递。到2020年，贫困地区基础教育能力明显增强，职业教育体系更加完善，高等教育服务能力明显提升，教育总体质量显著提高，基本公共教育服务水平接近全国平均水平。

### 第一节 提升基础教育水平

改善办学条件。加快完善贫困地区学前教育公共服务体系，建立健全农村学前教育服务网络，优先保障贫困家庭适龄儿童接受学前教育。全面改善义务教育薄弱学校基本办学条件，加强农村寄宿制学校建设，优化义务教育学校布局，办好必要的村小学和教学点，建立城乡统一、重在农村的义务教育经费保障机制。实施高中阶段教育普及攻坚计划，加大对普通高中和中等职业学校新建改扩建的支持力度，扩大教育资源，提高普及水平。加快推进教育信息化，扩大优质教育资源覆盖面。建立健全双语教学体系。

强化教师队伍建设。通过改善乡村教师生活待遇、强化师资培训、结对帮扶等方式，加强贫困地区师资队伍建设。建立省级统筹乡村教师补充机制，依托师范院校开展“一专多能”乡村教师培养培训，建立城乡学校教师均衡配置机制，推进县（区）域内义务教育学校校长教师交流轮岗。全面落实集中连片特困地区和边远艰苦地区乡村教师生活补助政策。加大对边远艰苦地区农村学校教师周转宿舍建设的支持力度。继续实施特岗计划，“国培计划”向贫困地区乡村教师倾斜。加大双语教师培养力度，加强国家通用语言文字教学。实施好边远贫困地区、边疆民族地区和革命老区人才支持计划教师专项计划，每年向“三区”选派 3 万名支教教师。建立乡村教师荣誉制度，向在乡村学校从教 30 年以上的教师颁发荣誉证书。

## 第二节　降低贫困家庭就学负担

完善困难学生资助救助政策。健全学前教育资助制度，帮助农村贫困家庭幼儿接受学前教育。稳步推进贫困地区农村义务教育学生营养改善计划。率先对建档立卡贫困家庭学生以及非建档立卡的家庭经济困难残疾学生、农村低保家庭学生、农村特困救助供养学生实施普通高中免除学杂费。完善国家奖助学金、国家助学贷款、新生入学资助、研究生“三助”（助教、助研、助管）岗位津贴、勤工助学、校内奖助学金、困难补助、学费减免等多元化高校学生资助体系，对建档立卡贫困家庭学生优先予以资助，优先推荐勤工助学岗位，做到应助尽助。

## 第三节　加快发展职业教育

强化职业教育资源建设。加快推进贫困地区职业院校布局结构调整，加强有专业特色并适应市场需求的职业院校建设。继续推动落实东西部联合招生，加强东西部职教资源对接。鼓励东部地区职教集团和职业院校对口支援或指导贫困地区职业院校建设。

加大职业教育力度。引导企业扶贫与职业教育相结合，鼓励职业院校面向建档立卡贫困家庭开展多种形式的职业教育。启动职教圆梦行动计划，省级教育行政部门统筹协调国家中等职业教育改革发展示范学校和国家重点中职学校选择就业前景好的专业，针对建档立卡贫困家庭子女单列招生计划。实施中等职业教育协作计划，支持建档立卡贫困家庭初中毕业生到省外经济较发达地区接受中职教育。让未升入普通高中的初中毕业生都能接受中等职业教育。鼓励职业院校开展面向贫困人口的继续教育。保障贫困家庭妇女、残疾人平等享有职业教育资源和机会。支持民族地区职业学校建设，继续办好内地西藏、新疆中等职业教育班，加强民族聚居地区少数民族特困群体国家通用语言文字培训。

加大贫困家庭子女职业教育资助力度。继续实施“雨露计划”职业教育助学补助政策，鼓励贫困家庭“两后生”就读职业院校并给予政策支持。落实好中等职业学校免学费和国家助学金政策。

## 专栏7　教育扶贫工程

**（一）普惠性幼儿园建设。**

重点支持中西部1 472个区（县）农村适龄儿童入园，鼓励普惠性幼儿园发展。

**（二）全面改善贫困地区义务教育薄弱学校基本办学条件。**

按照“缺什么、补什么”的原则改善义务教育薄弱学校基本办学条件。力争到2019年年底，使贫困地区所有义务教育学校均达到“20条底线要求”。以集中连片特困地区县、国家扶贫开发工作重点县、革命老区贫困县等为重点，解决或缓解城镇学校“大班额”和农村寄宿制学校“大通铺”问题，逐步实现未达标城乡义务教育学校校舍、场所标准化。

**（三）高中阶段教育普及攻坚计划。**

增加中西部贫困地区尤其是集中连片特困地区高中阶段教育资源，使中西部贫困地区未升入普通高中的初中毕业生基本进入中等职业学校就读。

**（四）乡村教师支持计划。**

拓展乡村教师补充渠道，扩大特岗计划实施规模，鼓励省级政府建立统筹规划、统一选拔的乡村教师补充机制，推动地方研究制定符合乡村教育实际的招聘办法，鼓励地方根据需求本土化培养“一专多能”乡村教师。到2020年，对全体乡村教师校长进行360学时的培训。

**（五）特殊教育发展。**

鼓励有条件的特殊教育学校、取得办园许可的残疾儿童康复机构开展学前教育，支持特殊教育学校改善办学条件和建设特教资源中心（教室），为特殊教育学校配备特殊教育教学专用设备设施和仪器等。

**（六）农村义务教育学生营养改善计划。**

以贫困地区和家庭经济困难学生为重点，通过农村义务教育学生营养改善计划国家试点、地方试点、社会参与等方式，逐步改善农村义务教育学生营养状况。中央财政为纳入营养改善计划国家试点的农村义务教育学生按每生每天4元（800元/年）的标准提供营养膳食补助。鼓励地方开展营养改善计划地方试点，中央财政给予适当奖补。

### 第四节　提高高等教育服务能力

提高贫困地区高等教育质量。支持贫困地区优化高等学校布局，调整优化学科专业结构。中西部高等教育振兴计划、长江学者奖励计划、高等学校青年骨干教师国内访问学者项目等国家专项计划，适当向贫困地区倾斜。

继续实施高校招生倾斜政策。加快推进高等职业院校分类考试招生，同等条件下优先录取建档立卡贫困家庭学生。继续实施重点高校面向贫困地区定向招生专项计划，形成长效机制，畅通贫困地区学生纵向流动渠道。高校招生计划和支援中西部地区招生协作计划向贫困地区倾斜。支持普通高校适度扩大少数民族预科班和民族班规模。

## 第六章　健康扶贫

改善贫困地区医疗卫生机构条件，提升服务能力，缩小区域间卫生资源配置差距，基本医疗保障制度进一步完善，建档立卡贫困人口大病和慢性病得到及时有效救治，就医费用个人负担大幅减轻，重大传染病和地方病得到有效控制，基本公共卫生服务实现均等化，因病致贫返贫问题得到有效解决。

### 第一节　提升医疗卫生服务能力

加强医疗卫生服务体系建设。按照“填平补齐”原则，加强县级医院、乡镇卫生院、村卫生室等基层医疗卫生机构以及疾病预防控制和精神卫生、职业病防治、妇幼保健等专业公共卫生机构能力建设，提高基本医疗及公共卫生服务水平。加强常见病、多发病相关专业和临床专科建设。加强远程医疗能力建设，实现城市诊疗资源和咨询服务向贫困县延伸，县级医院与县域内各级各类医疗卫生服务机构互联互通。鼓励新医疗技术服务贫困人口。在贫困地区优先实施基层中医药服务能力提升工程“十三五”行动计划。实施全国三级医院与贫困县县级医院“一对一”帮扶行动。到2020年，每个贫困县至少有1所医院达到二级医院标准，每个30万人口以上的贫困县至少有1所医院达到二级甲等水平。

深化医药卫生体制改革。深化公立医院综合改革。在符合医疗行业特点的薪酬改革方案出台前，贫困县可先行探索制定公立医院绩效工资总量核定办法。制定符合基层实际的人才招聘引进办法，赋予贫困地区医疗卫生机构一定自主招聘权。加快健全药品供应保障机制，统筹做好县级医院与基层医疗卫生机构的药品供应配送管理工作。进一步提高乡村医生的养老待遇。推进建立分级诊疗制度，到2020年，县域内就诊率提高到90%左右。

强化人才培养培训。以提高培养质量为核心，支持贫困地区高等医学教育发展，加大本专科农村订单定向医学生免费培养力度。以全科医生为重点，加强各类医疗卫生人员继续医学教育，推行住院医师规范化培训、助理全科医生培训，做好全科医生和专科医生特设岗位计划实施工作，制定符合基层实际的人才招聘引进办法，提高薪酬待遇。组织开展适宜医疗卫生技术推广。

支持中医药和民族医药事业发展。加强中医医院、民族医医院、民族医特色专科能力建设，加快民族药药材和制剂标准化建设。加强民族医药基础理论和临床应用研究。加强中医、民族医医师和城乡基层中医、民族医药专业技术人员培养培训，培养一批民族医药学科带头人。加强中药民族药资源保护利用。将更多具有良好疗效的特色民族药药品纳入国家基本医疗保险药品目录。

## 第二节 提高医疗保障水平

降低贫困人口大病、慢性病费用支出。加强基本医疗保险、大病保险、医疗救助、疾病应急救助等制度的有效衔接。建档立卡贫困人口参加城乡居民基本医疗保险个人缴费部分由财政通过城乡医疗救助给予补贴，全面推开城乡居民基本医疗保险门诊统筹，提高政策范围内住院费用报销比例。城乡居民基本医疗保险新增筹资主要用于提高城乡居民基本医疗保障水平，逐步降低贫困人口大病保险起付线。在基本医疗保险报销范围基础上，确定合规医疗费用范围，减轻贫困人口医疗费用负担。加大医疗救助力度，将贫困人口全部纳入重特大疾病医疗救助范围。对突发重大疾病暂时无法获得家庭支持导致基本生活出现严重困难的贫困家庭患者，加大临时救助力度。支持引导社会慈善力量参与医疗救助。在贫困地区先行推进以按病种付费为主的医保支付方式改革，逐步扩大病种范围。

实行贫困人口分类救治。优先为建档立卡贫困人口单独建立电子健康档案和健康卡，推动基层医疗卫生机构提供基本医疗、公共卫生和健康管理等签约服务。以县为单位，进一步核实因病致贫返贫家庭及患病人员情况，对贫困家庭大病和慢性病患者实行分类救治，为有需要的贫困残疾人提供基本康复服务。贫困患者在县域内定点医疗机构住院的，实行先诊疗后付费的结算机制，有条件的地方可探索市域和省域内建档立卡贫困人口先诊疗后付费的结算机制。

## 第三节 加强疾病预防控制和公共卫生

加大传染病、地方病、慢性病防控力度。全面完成已查明氟、砷超标地区改水工程建设。对建档立卡贫困人口食用合格碘盐给予政府补贴。综合防治大骨节病和克山病等重点地方病，加大对包虫病、布病等人畜共患病的防治力度，加强对艾滋病、结核病疫情防控，加强肿瘤随访登记，扩大癌症筛查和早诊早治覆盖面，加强严重精神障碍患者筛查登记、救治救助和服务管理。治贫治毒相结合，从源头上治理禁毒重点整治地区贫困县的毒品问题。

全面提升妇幼健康服务水平。在贫困地区全面实施农村妇女“两癌”（乳腺癌和宫颈癌）免费筛查项目，加大对贫困患者的救助力度。全面实施免费孕前优生健康检查、农村妇女增补叶酸预防神经管缺陷、新生儿疾病筛查等项目。提升孕产妇和新生儿危急重症救治能力。全面实施贫困地区儿童营养改善项目。实施0～6岁贫困残疾儿童康复救助项目，提供基本辅助器具。加强计划生育工作。

深入开展爱国卫生运动。加强卫生城镇创建活动，持续深入开展城乡环境卫生整洁行动，重点加强农村垃圾和污水处理设施建设，有效提升贫困地区人居环境质量。加快农村卫生厕所建设进程，坚持因地制宜、集中连片、整体推进农村改厕工作，力争到2020年农村卫生厕所普及率达到85%以上。加强健康促进和健康教育工作，广泛宣传居民健康素养基本知识和技能，使其形成良好卫生习惯和健康生活方式。

### 专栏8　健康扶贫工程

**（一）城乡居民基本医疗保险和大病保险。**

从2016年起，对建档立卡贫困人口、农村低保对象和特困人员实行倾斜性支持政策，降低特殊困难人群大病保险报销起付线、提高大病保险报销比例，减少贫困人口大病费用个人实际支出。选择部分大病实行单病种付费，医疗费用主要由医疗保险、大病保险、医疗救助按规定比例报销。将符合条件的残疾人医疗康复项目按规定纳入基本医疗保险支付范围。

**（二）农村贫困人口大病慢性病救治。**

继续实施光明工程，为贫困家庭白内障患者提供救治，费用通过医保等渠道解决，鼓励慈善组织参与。从2016年起，对贫困家庭患有儿童急性淋巴细胞白血病、儿童先天性心脏房间隔缺损、食管癌等疾病的患者进行集中救治。

**（三）全国三级医院与贫困县县级医院“一对一”帮扶行动。**

组织全国889家三级医院（含军队和武警部队医院）对口帮扶集中连片特困地区县和国家扶贫开发工作重点县县级医院。采用“组团式”支援方式，向县级医院派驻1名院长或者副院长及医务人员组成的团队驻点帮扶，重点加强近3年外转率前5～10位病种的临床专科能力建设，推广适宜县级医院开展的医疗技术。定期派出医疗队，为贫困人口提供集中诊疗服务。建立帮扶双方远程医疗平台，开展远程诊疗服务。

**（四）贫困地区县乡村三级医疗卫生服务网络标准化建设工程。**

到 2020 年，每个贫困县至少有 1 所县级公立医院，每个乡镇有 1 所标准化乡镇卫生院，每个行政村有 1 个卫生室。在乡镇卫生院和社区卫生服务中心建立中医综合服务区。

**（五）重特大疾病医疗救助行动。**

将重特大疾病医疗救助对象范围从农村低保对象、特困人员拓展到低收入家庭的老年人、未成年人、重度残疾人和重病患者，积极探索对因病致贫返贫家庭重病患者实施救助，重点加大对符合条件的重病、重残儿童的救助力度。综合考虑患病家庭负担能力、个人自负费用、当地筹资等情况，分类分段设置救助比例和最高救助限额。

**（六）医疗救助与基本医疗保险、大病保险等“一站式”结算平台建设。**

贫困地区逐步实现医疗救助与基本医疗保险、大病保险、疾病应急救助、商业保险等信息管理平台互联互通，广泛开展“一站式”即时结算。

## 第七章　生态保护扶贫

处理好生态保护与扶贫开发的关系，加强贫困地区生态环境保护与治理修复，提升贫困地区可持续发展能力。逐步扩大对贫困地区和贫困人口的生态保护补偿，增设生态公益岗位，使贫困人口通过参与生态保护实现就业脱贫。

### 第一节　加大生态保护修复力度

加强生态保护与建设。加快改善西南山区、西北黄土高原等水土流失状况，加强林草植被保护与建设。加大三北等防护林体系建设工程、天然林资源保护、水土保持等重点工程实施力度。加大新一轮退耕还林还草工程实施力度，加强生态环境改善与扶贫协同推进。在重点区域推进京津风沙源治理、岩溶地区石漠化治理、青海三江源保护等山水林田湖综合治理工程，遏制牧区、农牧结合贫困地区土壤沙化退化趋势，缓解土地荒漠化、石漠化，组织动员贫困人口参与生态保护建设工程，提高贫困人口受益水平，结合国家重大生态工程建设，因地制宜发展舍饲圈养和设施农业，大力发展具有经济效益的生态林业产业。

开展水土资源保护。加强贫困地区耕地和永久基本农田保护，建立和完善耕地与永久基本农田保护补偿机制，推进耕地质量保护与提升。全面推广测土配方施肥技术和水肥一体化技术。加强农膜残膜回收，积极推广可降解农膜。开展耕地轮作休耕试点。鼓励在南方贫困地区开发利用冬闲田、秋闲田，种植肥田作物。优先将大兴安岭南麓山区内黑土流失地区等地区列入综合治理示范区。加强江河源头和水源涵养区保护，推进重点流域水环境综合治理，严禁农业、工业污染物向水体超标排放。

## 专栏9 重大生态建设扶贫工程

**（一）退耕还林还草工程。**

在安排新一轮退耕还林还草任务时，向扶贫开发任务重、贫困人口较多的省份倾斜。各有关省份要进一步向贫困地区集中，向建档立卡贫困村、贫困人口倾斜。

**（二）退牧还草工程。**

继续在内蒙古、辽宁、吉林、黑龙江、四川、贵州、云南、西藏、陕西、甘肃、青海、宁夏、新疆和新疆生产建设兵团实施退牧还草工程，并向贫困地区、贫困人口倾斜，合理调整任务实施范围，促进贫困县脱贫攻坚。

**（三）青海三江源生态保护和建设二期工程。**

继续加强三江源草原、森林、荒漠、湿地与湖泊生态系统保护和建设，治理范围从15.2万平方公里扩大至39.5万平方公里，从根本上遏制生态整体退化趋势，促进三江源地区可持续发展。

**（四）京津风沙源治理工程。**

继续加强燕山—太行山区、吕梁山区等贫困地区的工程建设，建成京津及周边地区的绿色生态屏障，沙尘天气明显减少，农牧民生产生活条件全面改善。

**（五）天然林资源保护工程。**

扩大天然林保护政策覆盖范围，全面停止天然林商业性采伐，逐步提高补助标准，加大对贫困地区的支持。

**（六）三北等防护林体系建设工程。**

优先安排贫困地区三北、长江、珠江、沿海、太行山等防护林体系建设，加大森林经营力度，推进退化林修复，提升森林质量、草原综合植被盖度和整体生态功能，遏制水土流失。加强农田防护林建设，营造农田林网，加强村镇绿化，提升平原农区防护林体系综合功能。

**（七）水土保持重点工程。**

加大长江和黄河上中游、西南岩溶区、东北黑土区等重点区域水土流失治理力度，加快推进坡耕地、侵蚀沟治理工程建设，有效改善贫困地区农业生产生活条件。

**（八）岩溶地区石漠化综合治理工程。**

继续加大滇桂黔石漠化区、滇西边境山区、乌蒙山区和武陵山区等贫困地区石漠化治理力度，恢复林草植被，提高森林质量，统筹利用水土资源，改善农业生产条件，适度发展草食畜牧业。

**（九）沙化土地封禁保护区建设工程。**

继续在内蒙古、西藏、陕西、甘肃、青海、宁夏、新疆等省（区）推进沙化土地封禁保护区建设，优先将832个贫困县中适合开展沙化土地封禁保护区建设的县纳入建设范围，实行严格的封禁保护。

**（十）湿地保护与恢复工程。**

对全国重点区域的自然湿地和具有重要生态价值的人工湿地，实行优先保护和修复，扩大湿地面积。对东北生态保育区、长江经济带生态涵养带、京津冀生态协同圈、黄土高原—川滇生态修复带的国际重要湿地、湿地自然保护区和国家湿地公园及其周边范围内非基本农田，实施退耕（牧）还湿、退养还滩。

**（十一）农牧交错带已垦草原综合治理工程。**

在河北、山西、内蒙古、甘肃、宁夏、新疆开展农牧交错带已垦撂荒地治理，通过建植多年生人工草地，提高治理区植被覆盖率和饲草生产、储备、利用能力，保护和恢复草原生态，促进农业结构优化、草畜平衡，实现当地可持续发展。

## 第二节 建立健全生态保护补偿机制

建立稳定生态投入机制。中央财政加大对国家重点生态功能区中贫困县的转移支付力度，扩大政策实施范围，完善转移支付补助办法，逐步提高对重点生态功能区生态保护与恢复的资金投入水平。

探索多元化生态保护补偿方式。根据“谁受益、谁补偿”原则，健全生态保护补偿机制。在贫困地区开展生态综合补偿试点，逐步提高补偿标准。健全各级财政森林生态效益补偿标准动态调整机制。研究制定鼓励社会力量参与防沙治沙的政策措施。推进横向生态保护补偿，鼓励受益地区与保护地区、流域下游与上游建立横向补偿关系。探索碳汇交易、绿色产品标识等市场化补偿方式。

设立生态公益岗位。中央财政调整生态建设和补偿资金支出结构，支持在贫困县以政府购买服务或设立生态公益岗位的方式，以森林、草原、湿地、沙化土地管护为重点，让贫困户中有劳动能力的人员参加生态管护工作。充实完善国家公园的管护岗位，增加国家公园、国家级自然保护区、国家级风景名胜区周边贫困人口参与巡护和公益服务的就业机会。

### 专栏 10　生态保护补偿

**（一）森林生态效益补偿。**

健全各级财政森林生态效益补偿标准动态调整机制，依据国家公益林权属实行不同的补偿标准。

**（二）草原生态保护补助奖励。**

在内蒙古、新疆、西藏、青海、四川、甘肃、宁夏、云南、山西、河北、黑龙江、辽宁、吉林 13 个省（区）和新疆生产建设兵团、黑龙江农垦总局的牧区半牧区县实施草原生态保护补助奖励。中央财政按照每亩每年 7.5 元的测算标准，对禁牧和禁牧封育的牧民给予补助，补助周期 5 年；实施草畜平衡奖励，中央财政对未超载放牧牧民按照每亩每年 2.5 元的标准给予奖励。

**（三）跨省流域生态保护补偿试点。**

在新安江、南水北调中线源头及沿线、京津冀水源涵养区、九洲江、汀江—韩江、东江、西江等开展跨省流域生态保护补偿试点工作。

**（四）生态公益岗位脱贫行动。**

通过购买服务、专项补助等方式，在贫困县中选择一批能胜任岗位要求的建档立卡贫困人口，为其提供生态护林员、草管员、护渔员、护堤员等岗位。在贫困县域内的 553 处国家森林公园、湿地公园和国家级自然保护区，优先安排有劳动能力的建档立卡贫困人口从事森林管护、防火和服务。

# 第八章　兜底保障

统筹社会救助体系，促进扶贫开发与社会保障有效衔接，完善农村低保、特困人员救助供养等社会救助制度，健全农村“三留守”人员和残疾人关爱服务体系，实现社会保障兜底。

## 第一节　健全社会救助体系

完善农村最低生活保障制度。完善低保对象认定办法，建立农村低保家庭贫困状况评估指标体系，将符合农村低保条件的贫困家庭全部纳入农村低保范围。加大省级统筹工作力度，动态调整农村低保标准，确保 2020 年前所有地区农村低保标准逐步达到国家扶贫标准。加强农村低保与扶贫开发及其他脱贫攻坚相关政策的有效衔接，引导有劳动能力的低保对象依靠自身努力脱贫致富。

统筹社会救助资源。指导贫困地区健全特困人员救助供养制度，全面实施临时救助制度，积极推进最低生活保障制度与医疗救助、教育救助、住房救助、就业救助等专项救助制度衔接配套，推动专项救助在保障低保对象的基础上向低收入群众适当延伸，逐步形成梯度救助格局，为救助对象提供差别化的救助。合理划分中央和地方政府的社会救助事权和支出责任，统筹整合社会救助资金渠道，提升社会救助政策和资金的综合效益。

## 第二节 逐步提高贫困地区基本养老保障水平

坚持全覆盖、保基本、有弹性、可持续的方针，统筹推进城乡养老保障体系建设，指导贫困地区全面建成制度名称、政策标准、管理服务、信息系统“四统一”的城乡居民养老保险制度。探索建立适应农村老龄化形势的养老服务模式。

## 第三节 健全“三留守”人员和残疾人关爱服务体系

完善“三留守”人员服务体系。组织开展农村留守儿童、留守妇女、留守老人摸底排查工作。推动各地通过政府购买服务、政府购买基层公共管理和社会服务岗位、引入社会工作专业人才和志愿者等方式，为“三留守”人员提供关爱服务。加强留守儿童关爱服务设施和队伍建设，建立留守儿童救助保护机制和关爱服务网络。加强未成年人社会保护和权益保护工作。研究制定留守老年人关爱服务政策措施，推进农村社区日间照料中心建设，提升农村特困人员供养服务机构托底保障能力和服务水平。支持各地农村幸福院等社区养老服务设施建设和运营，开展留守老年人关爱行动。加强对“三留守”人员的生产扶持、生活救助和心理疏导。进一步加强对贫困地区留守妇女技能培训和居家灵活就业创业的扶持，切实维护留守妇女权益。

完善贫困残疾人关爱服务体系。将残疾人普遍纳入社会保障体系予以保障和扶持。支持发展残疾人康复、托养、特殊教育，实施残疾人重点康复项目，落实困难残疾人生活补贴和重度残疾人护理补贴制度。加强贫困残疾人实用技术培训，优先扶持贫困残疾人家庭发展生产，支持引导残疾人就业创业。

### 专栏 11 兜底保障

**(一) 农村低保标准动态调整。**

省级人民政府统筹制订农村低保标准动态调整方案，确保所有地区农村低保标准逐步达到国家扶贫标准。进一步完善农村低保标准与物价上涨挂钩联动机制。

**(二) 农村低保与扶贫开发衔接。**

将符合农村低保条件的建档立卡贫困户纳入低保范围，将符合扶贫条件的农村低保家庭纳入建档立卡范围。对不在建档立卡范围内的农村低保家庭、特困人员，各地统筹使用相关扶贫开发政策。对返贫家庭，按规定程序审核后分别纳入临时救助、医疗救助、农村低保等社会救助制度和建档立卡贫困户扶贫开发政策覆盖范围。

# 第九章 社会扶贫

发挥东西部扶贫协作和中央单位定点帮扶的引领示范作用，凝聚国际国内社会各方面力量，进一步提升贫困人口帮扶精准度和帮扶效果，形成脱贫攻坚强大合力。

## 第一节 东西部扶贫协作

开展多层次扶贫协作。以闽宁协作模式为样板，建立东西部扶贫协作与建档立卡贫困村、贫困户的精准对接机制，做好与西部地区脱贫攻坚规划的衔接，确保产业合作、劳务协作、人才支援、资金支持精确瞄准建档立卡贫困人口。东部省份要根据财力增长情况，逐步增加对口帮扶财政投入，并列入年度预算。东部各级党政机关、人民团体、企事业单位、社会组织、各界人士等要积极参与扶贫协作工作。西部地区要整合用好扶贫协作等各类资源，聚焦脱贫攻坚，形成脱贫合力。启动实施东部省份经济较发达县（市）与对口帮扶省份贫困县“携手奔小康”行动，着力推动县与县精准对接。探索东西部乡镇、行政村之间结对帮扶。协作双方每年召开高层联席会议。

拓展扶贫协作有效途径。注重发挥市场机制作用，推动东部人才、资金、技术向贫困地区流动。鼓励援助方利用帮扶资金设立贷款担保基金、风险保障基金、贷款贴息资金和中小企业发展基金等，支持发展特色产业，引导省内优势企业到受援方创业兴业。鼓励企业通过量化股份、提供就业等形式，带动当地贫困人口脱贫增收。鼓励东部地区通过共建职业培训基地、开展合作办学、实施定向特招等形式，对西部地区贫困家庭劳动力进行职业技能培训，并提供就业咨询服务。帮扶双方要建立和完善省市协调、县乡组织、职校培训、定向安排、跟踪服务的劳务协作对接机制，提高劳务输出脱贫的组织化程度。以县级为重点，加强协作双方党政干部挂职交流。采取双向挂职、两地培训等方式，加大对西部地区特别是基层干部、贫困村创业致富带头人的培训力度。支持东西部学校、医院建立对口帮扶关系。建立东西部扶贫协作考核评价机制，重点考核带动贫困人口脱贫成效，西部地区也要纳入考核范围。

## 第二节　定点帮扶

明确定点扶贫目标任务。结合当地脱贫攻坚规划，制定各单位定点帮扶工作年度计划，以帮扶对象稳定脱贫为目标，实化帮扶举措，提升帮扶成效。各单位选派优秀中青年干部到定点扶贫县挂职、担任贫困村第一书记。省、市、县三级党委政府参照中央单位做法，组织党政机关、企事业单位开展定点帮扶工作。完善定点扶贫牵头联系机制，各牵头单位要落实责任人，加强工作协调，督促指导联系单位做好定点扶贫工作，协助开展考核评价工作。

### 专栏 12　中央单位定点扶贫工作牵头联系单位和联系对象

中央直属机关工委牵头联系中央组织部、中央宣传部等 43 家中直机关单位；中央国家机关工委牵头联系外交部、国家发展改革委、教育部等 81 家中央国家机关单位；中央统战部牵头联系民主党派中央和全国工商联。教育部牵头联系北京大学、清华大学、中国农业大学等 44 所高校；人民银行牵头联系中国工商银行、中国农业银行、中国银行等 24 家金融机构和银监会、证监会、保监会；国务院国资委牵头联系中国核工业集团公司、中国核工业建设集团公司、中国航天科技集团公司等 103 家中央企业；中央军委政治工作部牵头联系解放军和武警部队有关单位；中央组织部牵头联系各单位选派挂职扶贫干部和第一书记工作。

## 第三节　企业帮扶

强化国有企业帮扶责任。深入推进中央企业定点帮扶贫困革命老区“百县万村”活动。用好贫困地区产业发展基金。引导中央企业设立贫困地区产业投资基金，采取市场化运作，吸引企业到贫困地区从事资源开发、产业园区建设、新型城镇化发展等。继续实施“同舟工程——中央企业参与‘救急难’行动”，充分发挥中央企业在社会救助工作中的补充作用。地方政府要动员本地国有企业积极承担包村帮扶等扶贫开发任务。

引导民营企业参与扶贫开发。充分发挥工商联的桥梁纽带作用，以点带面，鼓励引导民营企业和其他所有制企业参与扶贫开发。组织开展“万企帮万村”精准扶贫行动，引导东部地区的民营企业在东西部扶贫协作框架下结对帮扶西部地区贫困村。鼓励有条件的企业设立扶贫公益基金、开展扶贫慈善信托。完善对龙头企业参与扶贫开发的支持政策。吸纳贫困人口就业的企业，按规定享受职业培训补贴等就业支持政策，落实相关税收优惠。设立企业扶贫光荣榜，并向社会公告。

### 专栏 13　企业扶贫重点工程

**（一）中央企业定点帮扶贫困革命老区“百县万村”活动。**

66 家中央企业在定点帮扶的 108 个革命老区贫困县和贫困村中，建设一批水、电、路等小型基础设施项目，加快老区脱贫致富步伐。

**（二）同舟工程。**

中央企业结合定点扶贫工作，对因遭遇突发紧急事件或意外事故，致使基本生活陷入困境乃至面临生存危机的群众，特别是对医疗负担沉重的困难家庭、因病致贫返贫家庭，开展“救急难”行动，实施精准帮扶。

**（三）“万企帮万村”精准扶贫行动。**

动员全国 1 万家以上民营企业，采取产业扶贫、就业扶贫、公益扶贫等方式，帮助 1 万个以上贫困村加快脱贫进程，为打赢脱贫攻坚战贡献力量。

## 第四节　军队帮扶

构建整体帮扶体系。把地方所需、群众所盼与部队所能结合起来，优先扶持家境困难的军烈属、退役军人等群体。中央军委机关各部门（不含直属机构）和副战区级以上单位机关带头做好定点帮扶工作。省军区系统和武警总队帮扶本辖区范围内相关贫困村脱贫。驻贫困地区作战部队实施一批具体扶贫项目和扶贫产业，部队生活物资采购注重向贫困地区倾斜。驻经济发达地区部队和有关专业技术单位根据实际承担结对帮扶任务。

发挥部队帮扶优势。发挥思想政治工作优势，深入贫困地区开展脱贫攻坚宣传教育，组织军民共建活动，传播文明新风，丰富贫困人口精神文化生活。发挥战斗力突击力优势，积极支持和参与农业农村基础设施建设、生态环境治理、易地扶贫搬迁等工作。发挥人才培育优势，配合实施教育扶贫工程，接续做好“八一爱民学校”援建工作，组织开展“1＋1”“N＋1”等结对助学活动，团级以上干部与贫困家庭学生建立稳定帮扶关系。采取军地联训、代培代训等方式，帮助贫困地区培养实用人才，培育一批退役军人和民兵预备役人员致富带头人。发挥科技、医疗等资源优势，促进军民两用科技成果转化运用，组织 87 家军队和武警部队三级医院对口帮扶 113 家贫困县县级医院，开展送医送药和巡诊治病活动。帮助革命老区加强红色资源开发，培育壮大红色旅游产业。

## 第五节 社会组织和志愿者帮扶

广泛动员社会力量帮扶。支持社会团体、基金会、社会服务机构等各类组织从事扶贫开发事业。建立健全社会组织参与扶贫开发的协调服务机制，构建社会扶贫信息服务网络。以各级脱贫攻坚规划为引导，鼓励社会组织扶贫重心下移，促进帮扶资源与贫困户精准对接帮扶。支持社会组织通过公开竞争等方式，积极参加政府面向社会购买扶贫服务工作。鼓励和支持社会组织参与扶贫资源动员、资源配置使用、绩效论证评估等工作，支持其承担扶贫项目实施。探索发展公益众筹扶贫模式。着力打造扶贫公益品牌。鼓励社会组织在贫困地区大力倡导现代文明理念和生活方式，努力满足贫困人口的精神文化需求。制定出台社会组织参与脱贫攻坚的指导性文件，从国家层面予以指导。建立健全社会扶贫监测评估机制，创新监测评估方法，及时公开评估结果，增强社会扶贫公信力和影响力。

进一步发挥社会工作专业人才和志愿者扶贫作用。制定出台支持专业社会工作和志愿服务力量参与脱贫攻坚专项政策。实施社会工作专业人才服务贫困地区系列行动计划。鼓励发达地区社会工作专业人才和社会工作服务机构组建专业服务团队、兴办社会工作服务机构，为贫困地区培养和选派社会工作专业人才。实施脱贫攻坚志愿服务行动计划。鼓励支持青年学生、专业技术人员、退休人员和社会各界人士参与扶贫志愿者行动。充分发挥中国志愿服务联合会、中华志愿者协会、中国青年志愿者协会、中国志愿服务基金会和中国扶贫志愿服务促进会等志愿服务行业组织的作用，构建扶贫志愿者服务网络。

办好扶贫日系列活动。在每年的 10 月 17 日全国扶贫日期间举办专题活动，动员全社会力量参与脱贫攻坚。举办减贫与发展高层论坛，开展表彰活动，做好宣传推介。从 2016 年起，在脱贫攻坚期设立“脱贫攻坚奖”，表彰为脱贫攻坚作出重要贡献的个人。每年发布《中国的减贫行动与人权进步》白皮书。组织各省（区、市）结合自身实际开展社会公募、慰问调研等系列活动。

### 专栏 14　社会工作专业人才和志愿者帮扶

**（一）社会工作专业人才服务贫困地区系列行动计划。**

实施社会工作专业人才服务“三区”行动计划，每年向边远贫困地区、边疆民族地区和革命老区选派 1 000 名社会工作专业人才，为“三区”培养 500 名社会工作专业人才。积极实施农村留守人员残疾人社会关爱行动、城市流动人口社会融入计划、特困群体社会关怀行动、发达地区与贫困地区牵手行动、重大自然灾害与突发事件社会工作服务支援行动，支持社会工作服务机构和社会工作者为贫困地区农村各类特殊群体提供有针对性的服务。

**（二）脱贫攻坚志愿服务行动计划。**

实施扶贫志愿者行动计划，每年动员不少于 1 万人次到贫困地区参与扶贫开发，开展扶贫服务工作。以“扶贫攻坚”志愿者行动项目、“邻里守望”志愿服务行动、扶贫志愿服务品牌培育行动等为重点，支持有关志愿服务组织和志愿者选择贫困程度深的建档立卡贫困村、贫困户和特殊困难群体，在教育、医疗、文化、科技领域开展精准志愿服务行动。以空巢老人、残障人士、农民工及困难职工、留守儿童等群体为重点，开展生活照料、困难帮扶、文体娱乐、技能培训等方面的志愿帮扶活动。通过政府购买服务、公益创投、社会资助等方式，引导支持志愿服务组织和志愿者参与扶贫志愿服务，培育发展精准扶贫志愿服务品牌项目。

## 第六节　国际交流合作

坚持“引进来”和“走出去”相结合，加强国际交流合作。引进资金、信息、技术、智力、理念、经验等国际资源，服务我国扶贫事业。通过对外援助、项目合作、技术扩散、智库交流等形式，加强与发展中国家和国际机构在减贫领域的交流合作，加强减贫知识分享，加大南南合作力度，增强国际社会对我国精准扶贫、精准脱贫基本方略的认同，提升国际影响力和话语权。组织实施好世界银行第六期贷款、中国贫困片区儿童减贫与综合发展、减贫国际合作等项目。响应联合国 2030 年可持续发展议程。

# 第十章　提升贫困地区区域发展能力

以革命老区、民族地区、边疆地区、集中连片特困地区为重点，整体规划，统筹推进，持续加大对集中连片特困地区的扶贫投入力度，切实加强交通、水利、能源等重大基础设施建设，加快解决贫困村通路、通水、通电、通网络等问题，贫困地区区域发展环境明显改善，“造血”能力显著提升，基本公共服务主要领域指标接近全国平均水平，为2020年解决区域性整体贫困问题提供有力支撑。

## 第一节 继续实施集中连片特困地区规划

统筹推进集中连片特困地区规划实施。组织实施集中连片特困地区区域发展与扶贫攻坚“十三五”省级实施规划，片区重大基础设施和重点民生工程要优先纳入“十三五”相关专项规划和年度计划，集中建设一批区域性重大基础设施和重大民生工程，明显改善片区区域发展环境、提升自我发展能力。

完善片区联系协调机制。进一步完善片区联席工作机制，全面落实片区联席单位牵头责任，充分发挥部省联席会议制度功能，切实做好片区区域发展重大事项的沟通、协调、指导工作。强化片区所在省级政府主体责任，组织开展片区内跨行政区域沟通协调，及时解决片区规划实施中存在的问题和困难，推进片区规划各项政策和项目尽快落地。

## 第二节 着力解决区域性整体贫困问题

大力推进革命老区、民族地区、边疆地区脱贫攻坚。加大脱贫攻坚力度，支持革命老区开发建设，推进实施赣闽粤原中央苏区、左右江、大别山、陕甘宁、川陕等重点贫困革命老区振兴发展规划，积极支持沂蒙、湘鄂赣、太行、海陆丰等欠发达革命老区加快发展。扩大对革命老区的财政转移支付规模。加快推进民族地区重大基础设施项目和民生工程建设，实施少数民族特困地区和特困群体综合扶贫工程，出台人口较少民族整体脱贫的特殊政策措施。编制边境扶贫专项规划，采取差异化政策，加快推进边境地区基础设施和社会保障设施建设，集中改善边民生产生活条件，扶持发展边境贸易和特色经济，大力推进兴边富民行动，使边民能够安心生产生活、安心守边固边。加大对边境地区的财政转移支付力度，完善边民补贴机制。加大中央投入力度，采取特殊扶持政策，推进西藏、四省藏区和新疆南疆四地州脱贫攻坚。

推动脱贫攻坚与新型城镇化发展相融合。支持贫困地区基础条件较好、具有特色资源的县城和特色小镇加快发展，打造一批休闲旅游、商贸物流、现代制造、教育科技、传统文化、美丽宜居小镇。结合中小城市、小城镇发展进程，加快户籍制度改革，有序推动农业转移人口市民化。统筹规划贫困地区城乡基础设施网络，促进水电路气信等基础设施城乡联网、生态环保设施城乡统一布局建设。推进贫困地区无障碍环境建设。推动城镇公共服务向农村延伸，逐步实现城乡基本公共服务制度并轨、标准统一。

推进贫困地区区域合作与对外开放。推动贫困地区深度融入“一带一路”

建设、京津冀协同发展、长江经济带发展三大国家战略，与有关国家级新区、自主创新示范区、自由贸易试验区、综合配套改革试验区建立紧密合作关系，打造区域合作和产业承接发展平台，探索发展“飞地经济”，引导发达地区劳动密集型等产业优先向贫困地区转移。支持贫困地区具备条件的地方申请设立海关特殊监管区域，积极承接加工贸易梯度转移。拓展贫困地区招商引资渠道，利用外经贸发展专项资金促进贫困地区外经贸发展，优先支持贫困地区项目申报借用国外优惠贷款。鼓励贫困地区培育和发展会展平台，提高知名度和影响力。加快边境贫困地区开发开放，加强内陆沿边地区口岸基础设施建设，开辟跨境多式联运交通走廊，促进边境经济合作区、跨境经济合作区发展，提升边民互市贸易便利化水平。

### 专栏 15　特殊类型地区发展重大行动

**（一）革命老区振兴发展行动。**

规划建设一批铁路、高速公路、支线机场、水利枢纽、能源、信息基础设施工程，大力实施天然林保护、石漠化综合治理、退耕还林还草等生态工程，支持风电、水电等清洁能源开发，建设一批红色旅游精品线路。

**（二）民族地区奔小康行动。**

推进人口较少民族整族整村精准脱贫。对陆地边境抵边一线乡镇因守土戍边不宜易地扶贫搬迁的边民，采取就地就近脱贫措施。实施少数民族特色村镇保护与发展工程，重点建设一批少数民族特色村寨和民族特色小镇。支持少数民族传统手工艺品保护与发展。

**（三）沿边地区开发开放行动。**

实施沿边地区交通基础设施改造提升工程；实施产业兴边工程，建设跨境旅游合作区和边境旅游试验区；实施民生安边工程，完善边民补贴机制。

## 第三节　加强贫困地区重大基础设施建设

构建外通内联交通骨干通道。加强革命老区、民族地区、边疆地区、集中连片特困地区对外运输通道建设，推动国家铁路网、国家高速公路网连接贫困地区的重大交通项目建设，提高国道省道技术标准，构建贫困地区外通内联的交通运输通道。加快资源丰富和人口相对密集贫困地区开发性铁路建设。完善贫困地区民用机场布局规划，加快支线机场、通用机场建设。在具备水资源开发条件的贫困地区，统筹内河航电枢纽建设和航运发展，提高通航能力。形成布局科学、干支结合、结构合理的区域性综合交通运输网络。在自然条件复杂、灾害多发且人口相对密集的贫困地区，合理布局复合多向、灵活机动的保障性运输通道。依托我国与周边国家互联互通重要通道，推动沿边贫困地区交通基础设施建设。

着力提升重大水利设施保障能力。加强重点水源、大中型灌区续建配套节水改造等工程建设，逐步解决贫困地区工程性缺水和资源性缺水问题，着力提升贫困地区供水保障能力。按照“确有需要、生态安全、可以持续”的原则，科学开展水利扶贫项目前期论证，在保护生态的前提下，提高水资源开发利用水平。加大贫困地区控制性枢纽建设、中小河流和江河重要支流治理、抗旱水源建设、山洪灾害防治、病险水库（闸）除险加固、易涝地区治理力度，坚持工程措施与非工程措施结合，加快灾害防治体系建设。

优先布局建设能源工程。积极推动能源开发建设，煤炭、煤电、核电、油气、水电等重大项目，跨区域重大能源输送通道项目，以及风电、光伏等新能源项目，同等条件下优先在贫困地区规划布局。加快贫困地区煤层气（煤矿瓦斯）产业发展。统筹研究贫困地区煤电布局，继续推进跨省重大电网工程和天然气管道建设。加快推进流域龙头水库和金沙江、澜沧江、雅砻江、大渡河、黄河上游等水电基地重大工程建设，努力推动怒江中下游水电基地开发，支持离网缺电贫困地区小水电开发，重点扶持西藏、四省藏区和少数民族贫困地区小水电扶贫开发工作，风电、光伏发电年度规模安排向贫困地区倾斜。

## 专栏16 贫困地区重大基础设施建设工程

**（一）交通骨干通道工程。**

——铁路：加快建设银川至西安、郑州至万州、郑州至阜阳、张家口至大同、太原至焦作、郑州至济南、重庆至贵阳、兰州至合作、玉溪至磨憨、大理至临沧、弥勒至蒙自、叙永至毕节、渝怀铁路增建二线、青藏铁路格拉段扩能改造等项目。规划建设重庆至昆明、赣州至深圳、贵阳至南宁、长沙至赣州、京九高铁阜阳至九江段、西安至十堰、原平至大同、忻州至保定、张家界至吉首至怀化、中卫至兰州、贵阳至兴义、克塔铁路铁厂沟至塔城段、浦梅铁路建宁至冠豸山段、兴国至泉州、西宁至成都（黄胜关）、格尔木至成都、西安至铜川至延安、平凉至庆阳、和田至若羌至罗布泊、宝中铁路中卫至平凉段扩能等项目。

——公路：加快推进G75兰州至海口高速公路渭源至武都段、G65E榆树至蓝田高速公路绥德至延川段、G6911安康至来凤高速公路镇坪至巫溪段等国家高速公路项目建设，有序推进G244乌海至江津公路华池（打扮梁）至庆城段、G569曼德拉至大通公路武威至仙米寺段等165项普通国道建设。

——机场：加快新建巫山、巴中、仁怀、武冈、陇南、祁连、莎车机场项目，安康、泸州、宜宾机场迁建项目和桂林、格尔木、兴义等机场改扩建项目建设进度；积极推动新建武隆、黔北、罗甸、乐山、瑞金、抚州、朔州、共和、黄南机场项目，昭通机场迁建项目以及西宁等机场改扩建项目建设。

**（二）重点水利工程。**

——重点水源工程：加快建设贵州夹岩、西藏拉洛等大型水库工程及一批中小型水库工程；实施甘肃引洮供水二期工程等引提水及供水保障工程；在干旱易发县加强各类抗旱应急水源工程建设，逐步完善重点旱区抗旱体系。

——重点农田水利工程：基本完成涉及内蒙古、河北、河南、安徽、云南、新疆和湖南等省份贫困县列入规划的117处大型灌区续建配套与节水改造任务，加快推进中型灌区续建配套与节水改造。建设吉林松原、内蒙古绰勒、青海湟水北干渠、湖南涔天河等灌区。以新疆南疆地区、六盘山区等片区为重点，发展管灌、喷灌、微灌等高效节水灌溉工程。

——重点防洪工程：继续实施大中型病险水闸、水库除险加固。以东北三江治理为重点，进一步完善大江大河大湖防洪减灾体系。基本完成规划内乌江、白龙江、嘉陵江、清水河、湟水等244条流域面积3 000平方公里以上中小河流治理任务。以滇西边境山区、滇桂黔石漠化片区、武陵山区、六盘山区及非集中连片特困地区为重点，加大重点山洪沟防洪治理力度。开展易涝区综合治理工程建设，实施规划内蓄滞洪区建设和淮河流域重点平原洼地治理工程。

**（三）重点能源工程。**

——水电：开工建设金沙江白鹤滩、叶巴滩，澜沧江托巴，雅砻江孟底沟，大渡河硬梁包，黄河玛尔挡、羊曲等水电站；加快推进金沙江龙盘、黄河茨哈峡等水电站项目。

——火电：开工建设贵州习水二郎2×66万千瓦、河南内乡2×100万千瓦等工程。规划建设新疆南疆阿克苏地区库车俄霍布拉克煤矿2×66万千瓦坑口电厂。

——输电工程：开工建设蒙西—天津南特高压交流，宁东—浙江、晋北—江苏特高压直流，川渝第三通道500千伏交流等工程。开工建设锦界、府谷—河北南网扩容工程，启动陕北（延安）—湖北特高压直流输电工程工作。

——煤层气：开工建设吕梁三交、柳林煤层气项目，黔西滇东煤层气示范工程，贵州六盘水煤矿瓦斯抽采规模化利用和瓦斯治理示范矿井，新疆南疆阿克苏地区拜城县煤层气示范项目。

——天然气：开工建设新疆煤制气外输管道，楚雄—攀枝花天然气管道等工程。积极推进重庆、四川页岩气开发，开工建设重庆页岩气渝东南、万州—云阳天然气管道等工程，适时推进渝黔桂外输管道工程。

## 第四节　加快改善贫困村生产生活条件

全面推进村级道路建设。全面完成具备条件的行政村通硬化路建设，优先安排建档立卡贫困村通村道路硬化。推动一定人口规模的自然村通公路，重点支持较大人口规模撤并建制村通硬化路。加强贫困村通客车线路上的生命安全防护工程建设，改造现有危桥，对不能满足安全通客车要求的窄路基路面路段进行加宽改造。加大以工代赈力度，支持贫困地区实施上述村级道路建设任务。通过“一事一议”等方式，合理规划建设村内道路。

巩固提升农村饮水安全水平。全面落实地方政府主体责任，全面推进“十三五”农村饮水安全巩固提升工程，做好与贫困村、贫困户的精准对接，加快建设一批集中供水工程。对分散性供水和水质不达标的，因地制宜实行升级改造。提升贫困村自来水普及率、供水保证率、水质达标率，推动城镇供水设施向有条件的贫困村延伸，着力解决饮水安全问题。到2020年，贫困地区农村集中供水率达到83%，自来水普及率达到75%。

多渠道解决生活用能。全面推进能源惠民工程，以贫困地区为重点，加快实施新一轮农村电网改造升级工程，实施配电网建设改造行动计划。实行骨干电网与分布式能源相结合，到2020年，贫困村基本实现稳定可靠的供电服务全覆盖，供电能力和服务水平明显提升。大力发展农村清洁能源，推进贫困村小水电、太阳能、风能、农林和畜牧废弃物等可再生能源开发利用。因地制宜发展沼气工程。鼓励分布式光伏发电与设施农业发展相结合，推广应用太阳能热水器、太阳灶、小风电等农村小型能源设施。提高能源普遍服务水平，推进城乡用电同网同价。

加强贫困村信息和物流设施建设。实施“宽带乡村”示范工程，推动公路沿线、集镇、行政村、旅游景区4G（第四代移动通信）网络基本覆盖。鼓励基础电信企业针对贫困地区出台更优惠的资费方案。加强贫困村邮政基础设施建设，实现村村直接通邮。加快推进“快递下乡”工程，完善农村快递揽收配送网点建设。支持快递企业加强与农业、供销合作、商贸企业的合作，推动在基础条件相对较好的地区率先建立县、乡、村消费品和农资配送网络体系，打造“工业品下乡”和“农产品进城”双向流通渠道。

继续实施农村危房改造。加快推进农村危房改造，按照精准扶贫要求，重点解决建档立卡贫困户、低保户、分散供养特困人员、贫困残疾人家庭的基本住房安全问题。统筹中央和地方补助资金，建立健全分类补助机制。严格控制贫困户建房标准。通过建设农村集体公租房、幸福院，以及利用闲置农户住房和集体公房置换改造等方式，解决好贫困户基本住房安全问题。

加强贫困村人居环境整治。在贫困村开展饮用水源保护、生活污水和垃圾处理、畜禽养殖污染治理、农村面源污染治理、乱埋乱葬治理等人居环境整治工作，保障处理设施运行经费，稳步提升贫困村人居环境水平。到2020年，90%以上贫困村的生活垃圾得到处理，普遍建立村庄保洁制度，设立保洁员岗位并优先聘用贫困人口。开展村庄卫生厕所改造，逐步解决贫困村人畜混居问题。提高贫困村绿化覆盖率。建设村内道路照明等必要的配套公共设施。

健全贫困村社区服务体系。加强贫困村基层公共服务设施建设，整合利用现有设施和场地，拓展学前教育、妇女互助和养老服务、殡葬服务功能，努力实现农村社区公共服务供给多元化。依托“互联网＋”拓展综合信息服务功能，逐步构建线上线下相结合的农村社区服务新模式。统筹城乡社区服务体系规划建设，积极培育农村社区社会组织，发展社区社会工作服务。深化农村社区建设试点，加强贫困村移风易俗、乡风和村规民约等文明建设。

加强公共文化服务体系建设。按照公共文化建设标准，对贫困县未达标公共文化设施提档升级、填平补齐。加强面向“三农”的优秀出版物和广播影视节目生产。启动实施流动文化车工程。实施贫困地区县级广播电视播出机构制播能力建设工程。为贫困村文化活动室配备必要的文化器材。推进重大文化惠民工程融合发展，提高公共数字文化供给和服务能力。推动广播电视村村通向户户通升级，到2020年，基本实现数字广播电视户户通。组织开展“春雨工程”——全国文化志愿者边疆行活动。

着力改善生产条件。推进贫困村农田水利、土地整治、中低产田改造和高标准农田建设。抓好以贫困村为重点的田间配套工程、“五小水利”工程和高效节水灌溉工程建设，抗旱水源保障能力明显提升。结合产业发展，建设改造一批资源路、旅游路、产业园区路，新建改造一批生产便道，推进“交通＋特色产业”扶贫。大力整治农村河道堰塘。实施贫困村通动力电规划，保障生产用电。加大以工代赈投入力度，着力解决农村生产设施“最后一公里”问题。

## 专栏 17　改善贫困乡村生产生活条件

**（一）百万公里农村公路工程。**

建设通乡镇硬化路 1 万公里，通行政村硬化路 23 万公里，一定人口规模的自然村公路 25 万公里（其中撤并建制村通硬化路约 8.3 万公里）。新建改建乡村旅游公路和产业园区公路 5 万公里。加大农村公路养护力度，改建不达标路段 23 万公里，着力改造"油返砂"公路 20 万公里。改造农村公路危桥 1.5 万座。

**（二）小型水利扶贫工程。**

实施农村饮水安全巩固提升工程，充分发挥已建工程效益，因地制宜采取改造、配套、升级、联网等措施，统筹解决工程标准低、供水能力不足和水质不达标等农村饮水安全问题。大力开展小型农田水利工程建设，因地制宜实施"五小水利"工程建设。

**（三）农村电网改造升级工程。**

完成贫困村通动力电，到 2020 年，全国农村地区基本实现稳定可靠的供电服务全覆盖，农村电网供电可靠率达到 99.8%，综合电压合格率达到 97.9%，户均配变容量不低于 2 千伏安，建成结构合理、技术先进、安全可靠、智能高效的现代农村电网。

**（四）网络通信扶贫工程。**

实施宽带网络进村工程，推进 11.7 万个建档立卡贫困村通宽带，力争到 2020 年实现宽带网络覆盖 90%以上的贫困村。

**（五）土地和环境整治工程。**

开展土地整治和农村人居环境整治工程，增加耕地数量、提升耕地质量、完善农田基础设施，建设规模 1 000 万亩。分别在 8.1 万个行政村建设 55.38 万个公共卫生厕所，8.5 万个村建设 61.84 万处垃圾集中收集点，3.68 万个村建设 15.43 万处污水处理点，3.4 万个村建设 9.92 万处旅游停车场。

**（六）农村危房改造。**

推进农村危房改造，统筹开展农房抗震改造，到 2020 年，完成建档立卡贫困户、低保户、分散供养特困人员、贫困残疾人家庭的存量危房改造任务。

**（七）农村社区服务体系建设工程。**

力争到 2020 年年底，农村社区综合服务设施覆盖易地扶贫搬迁安置区（点）和 50%的建档立卡贫困村，农村社区公共服务综合信息平台覆盖

30%的贫困县，努力实现社区公共服务多元化供给。

**（八）以工代赈工程。**

在贫困地区新增和改善基本农田500万亩，新增和改善灌溉面积1 200万亩，新建和改扩建农村道路80 000公里，治理水土流失面积11 000平方公里，片区综合治理面积6 000平方公里，建设草场600万亩。

**（九）革命老区彩票公益金扶贫工程。**

支持396个革命老区贫困县的贫困村开展村内道路、水利和环境改善等基础设施建设，实现项目区内自然村100%通公路，道路硬化率80%，农户饮水安全比重95%以上，100%有垃圾集中收集点，每个行政村设有文化广场和公共卫生厕所等。

# 第十一章　保障措施

将脱贫攻坚作为重大政治任务，采取超常规举措，创新体制机制，加大扶持力度，打好政策组合拳，强化组织实施，为脱贫攻坚提供强有力保障。

## 第一节　创新体制机制

精准扶贫脱贫机制。加强建档立卡工作，健全贫困人口精准识别与动态调整机制，加强精准扶贫大数据管理应用，定期对贫困户和贫困人口进行全面核查，按照贫困人口认定、退出标准和程序，实行有进有出的动态管理。加强农村贫困统计监测体系建设，提高监测能力和数据质量。健全精准施策机制，切实做到项目安排精准、资金使用精准、措施到户精准。健全驻村帮扶机制。严格执行贫困退出和评估认定制度。加强正向激励，贫困人口、贫困村、贫困县退出后，国家原有扶贫政策在一定时期内保持不变，确保实现稳定脱贫。

扶贫资源动员机制。发挥政府投入主导作用，广泛动员社会资源，确保扶贫投入力度与脱贫攻坚任务相适应。推广政府与社会资本合作、政府购买服务、社会组织与企业合作等模式，建立健全招投标机制和绩效评估机制，充分发挥竞争机制对提高扶贫资金使用效率的作用。鼓励社会组织承接东西部扶贫协作、定点扶贫、企业扶贫具体项目的实施，引导志愿者依托社会组织更好发挥扶贫作用。引导社会组织建立健全内部治理机制和行业自律机制。围绕脱贫攻坚目标任务，推进部门之间、政府与社会之间的信息共享、资源统筹和规划衔接，构建政府、市场、社会协同推进的大扶贫开发格局。

贫困人口参与机制。充分发挥贫困村党员干部的引领作用和致富带头人的示范作用，大力弘扬自力更生、艰苦奋斗精神，激发贫困人口脱贫奔小康的积极性、主动性、创造性，引导其光荣脱贫。加强责任意识、法治意识和市场意识培育，提高贫困人口参与市场竞争的自觉意识和能力，推动扶贫开发模式由“输血”向“造血”转变。建立健全贫困人口利益与需求表达机制，充分尊重群众意见，切实回应群众需求。完善村民自治制度，建立健全贫困人口参与脱贫攻坚的组织保障机制。

资金项目管理机制。对纳入统筹整合使用范围内的财政涉农资金项目，将审批权限下放到贫困县，优化财政涉农资金供给机制，支持贫困县围绕突出问题，以摘帽销号为导向，以脱贫攻坚规划为引领，以重点扶贫项目为平台，统筹整合使用财政涉农资金。加强对脱贫攻坚政策落实、重点项目和资金管理的跟踪审计，强化财政监督检查和项目稽查等工作，充分发挥社会监督作用。建立健全扶贫资金、项目信息公开机制，保障资金项目在阳光下运行，确保资金使用安全、有效、精准。

考核问责激励机制。落实脱贫攻坚责任制，严格实施省级党委和政府扶贫开发工作成效考核办法，建立扶贫工作责任清单，强化执纪问责。落实贫困县约束机制，杜绝政绩工程、形象工程。加强社会监督，建立健全第三方评估机制。建立年度脱贫攻坚逐级报告和督查巡查制度。建立重大涉贫事件处置反馈机制。集中整治和加强预防扶贫领域职务犯罪。

## 第二节　加大政策支持

财政政策。中央财政继续加大对贫困地区的转移支付力度，中央财政专项扶贫资金规模实现较大幅度增长，一般性转移支付资金、各类涉及民生的专项转移支付资金和中央预算内投资进一步向贫困地区和贫困人口倾斜。加大中央集中彩票公益金对扶贫的支持力度。农业综合开发、农村综合改革转移支付等涉农资金要明确一定比例用于贫困村。各部门安排的惠民政策、工程项目等，要最大限度地向贫困地区、贫困村、贫困人口倾斜。扩大中央和地方财政支出规模，增加基础设施和基本公共服务设施建设投入。各省（区、市）要积极调整省级财政支出结构，切实加大扶贫资金投入。

投资政策。加大贫困地区基础设施建设中央投资支持力度。严格落实国家在贫困地区安排的公益性建设项目取消县级和西部集中连片特困地区地市级配套资金的政策。省级政府统筹可支配财力，加大对贫困地区的投入力度。在扶贫开发中推广政府与社会资本合作、政府购买服务等模式。

金融政策。鼓励和引导各类金融机构加大对扶贫开发的金融支持。发挥多种货币政策工具正向激励作用，用好扶贫再贷款，引导金融机构扩大贫困地区涉农贷款投放，促进降低社会融资成本。鼓励银行业金融机构创新金融产品和服务方式，积极开展扶贫贴息贷款、扶贫小额信贷、创业担保贷款和助学贷款等业务。发挥好开发银行和农业发展银行扶贫金融事业部的功能和作用。继续深化农业银行“三农”金融事业部改革，稳定和优化大中型商业银行县域基层网点设置，推动邮政储蓄银行设立“三农”金融事业部，发挥好农村信用社、农村商业银行、农村合作银行的农村金融服务主力作用。建立健全融资风险分担和补偿机制，支持有条件的地方设立扶贫贷款风险补偿基金。鼓励有条件的地方设立扶贫开发产业投资基金，支持贫困地区符合条件的企业通过主板、创业板、全国中小企业股份转让系统、区域股权交易市场等进行股本融资。推动开展特色扶贫农业保险、小额人身保险等多种保险业务。

土地政策。支持贫困地区根据第二次全国土地调查及最新年度变更调查成果，调整完善土地利用总体规划。新增建设用地计划指标优先保障扶贫开发用地需要，专项安排国家扶贫开发工作重点县年度新增建设用地计划指标。中央在安排高标准农田建设任务和分配中央补助资金时，继续向贫困地区倾斜，并积极指导地方支持贫困地区土地整治和高标准农田建设。加大城乡建设用地增减挂钩政策支持扶贫开发及易地扶贫搬迁力度，允许集中连片特困地区和其他国家扶贫开发工作重点县将增减挂钩节余指标在省域范围内流转使用。积极探索市场化运作模式，吸引社会资金参与土地整治和扶贫开发工作。在有条件的贫困地区，优先安排国土资源管理制度改革试点，支持开展历史遗留工矿废弃地复垦利用和城镇低效用地再开发试点。

干部人才政策。加大选派优秀年轻干部到贫困地区工作的力度，加大中央单位和中西部地区、民族地区、贫困地区之间干部交流任职的力度，有计划地选派后备干部到贫困县挂职任职。改进贫困地区基层公务员考录工作和有关人员职业资格考试工作。加大贫困地区干部教育培训力度。实施边疆民族地区和革命老区人才支持计划，在职务、职称晋升等方面采取倾斜政策。提高博士服务团和“西部之光”访问学者选派培养水平，深入组织开展院士专家咨询服务活动。完善和落实引导人才向基层和艰苦地区流动的激励政策。通过双向挂职锻炼、扶贫协作等方式，推动东、中、西部地区之间，经济发达地区与贫困地区之间事业单位人员交流，大力选派培养与西部等艰苦地区优势产业、保障和改善民生密切相关的专业技术人才。充实加强各级扶贫开发工作力量，扶贫任务重的乡镇要有专门干部负责扶贫开发工作。鼓励高校毕业生到贫困地区就业创业。

## 第三节　强化组织实施

加强组织领导。在国务院扶贫开发领导小组统一领导下，扶贫开发任务重的省、市、县、乡各级党委和政府要把脱贫攻坚作为中心任务，层层签订脱贫攻坚责任书，层层落实责任制。重点抓好县级党委和政府脱贫攻坚领导能力建设，改进县级干部选拔任用机制，选好配强扶贫任务重的县党政班子。脱贫攻坚任务期内，县级领导班子保持相对稳定，贫困县党政正职领导干部实行不脱贫不调整、不摘帽不调离。加强基层组织建设，强化农村基层党组织的领导核心地位，充分发挥基层党组织在脱贫攻坚中的战斗堡垒作用和共产党员的先锋模范作用。加强对贫困群众的教育引导，强化贫困群众的主体责任和进取精神。大力倡导新风正气和积极健康的生活方式，逐步扭转落后习俗和不良生活方式。完善村级组织运转经费保障机制，健全党组织领导的村民自治机制，切实提高村委会在脱贫攻坚工作中的组织实施能力。加大驻村帮扶工作力度，提高县以上机关派出干部比例，精准选配第一书记，配齐配强驻村工作队，确保每个贫困村都有驻村工作队，每个贫困户都有帮扶责任人。

明确责任分工。实行中央统筹、省负总责、市县抓落实的工作机制。省级党委和政府对脱贫攻坚负总责，负责组织指导制定省级及以下脱贫攻坚规划，对规划实施提供组织保障、政策保障、资金保障和干部人才保障，并做好监督考核。根据国家关于贫困退出机制的要求，各省（区、市）统筹脱贫进度，制定省级“十三五”脱贫攻坚规划，明确贫困县、贫困村和贫困人口年度脱贫目标。县级党委和政府负责规划的组织实施工作，并对规划实施效果负总责。市（地）党委和政府做好上下衔接、域内协调和督促检查等工作。各有关部门按照职责分工，制订扶贫工作行动计划或实施方案，出台相关配套支持政策，加强业务指导和推进落实。

加强监测评估。国家发展改革委、国务院扶贫办负责本规划的组织实施与监测评估等工作。加强扶贫信息化建设，依托国务院扶贫办扶贫开发建档立卡信息系统和国家统计局贫困监测结果，定期开展规划实施情况动态监测和评估工作。监测评估结果作为省级党委和政府扶贫开发工作成效考核的重要依据，及时向国务院报告。

对本规划确定的约束性指标以及重大工程、重大项目、重大政策和重要改革任务，要明确责任主体、实施进度等要求，确保如期完成。对纳入本规划的重大工程项目，要在依法依规的前提下简化审批核准程序，优先保障规划选址、土地供应和融资安排。

# 关于建立贫困退出机制的意见

中共中央办公厅、国务院办公厅

为贯彻落实《中共中央、国务院关于打赢脱贫攻坚战的决定》和中央扶贫开发工作会议精神，切实提高扶贫工作的针对性、有效性，现就建立贫困退出机制提出如下意见。

## 一、指导思想

全面贯彻党的十八大和十八届三中、四中、五中全会精神，深入贯彻习近平总书记系列重要讲话精神，紧紧围绕“五位一体”总体布局和“四个全面”战略布局，牢固树立创新、协调、绿色、开放、共享的发展理念，按照党中央、国务院决策部署，深入实施精准扶贫、精准脱贫，以脱贫实效为依据，以群众认可为标准，建立严格、规范、透明的贫困退出机制，促进贫困人口、贫困村、贫困县在2020年以前有序退出，确保如期实现脱贫攻坚目标。

## 二、基本原则

——坚持实事求是。对稳定达到脱贫标准的要及时退出，新增贫困人口或返贫人口要及时纳入扶贫范围。注重脱贫质量，坚决防止虚假脱贫，确保贫困退出反映客观实际、经得起检验。

——坚持分级负责。实行中央统筹、省（自治区、直辖市）负总责、市（地）县抓落实的工作机制。国务院扶贫开发领导小组制定统一的退出标准和程序，负责督促指导、抽查核查、评估考核、备案登记等工作。省（自治区、直辖市）制定本地脱贫规划、年度计划和实施办法，抓好组织实施和监督检查。市（地）县汇总数据，甄别情况，具体落实，确保贫困退出工作有序推进。

——坚持规范操作。严格执行退出标准、规范工作流程，切实做到程序公开、数据准确、档案完整、结果公正。贫困人口退出必须实行民主评议，贫困村、贫困县退出必须进行审核审查，退出结果公示公告，让群众参与评价，做到全程透明。强化监督检查，开展第三方评估，确保脱贫结果真实可信。

——坚持正向激励。贫困人口、贫困村、贫困县退出后，在一定时期内国家原有扶贫政策保持不变，支持力度不减，留出缓冲期，确保实现稳定脱贫。

对提前退出的贫困县，各省（自治区、直辖市）可制定相应奖励政策，鼓励脱贫摘帽。

## 三、退出标准和程序

（一）贫困人口退出。贫困人口退出以户为单位，主要衡量标准是该户年人均纯收入稳定超过国家扶贫标准且吃穿不愁，义务教育、基本医疗、住房安全有保障。

贫困户退出，由村“两委”组织民主评议后提出，经村“两委”和驻村工作队核实、拟退出贫困户认可，在村内公示无异议后，公告退出，并在建档立卡贫困人口中销号。

（二）贫困村退出。贫困村退出以贫困发生率为主要衡量标准，统筹考虑村内基础设施、基本公共服务、产业发展、集体经济收入等综合因素。原则上贫困村贫困发生率降至2%以下（西部地区降至3%以下），在乡镇内公示无异议后，公告退出。

（三）贫困县退出。贫困县包括国家扶贫开发工作重点县和集中连片特困地区县。贫困县退出以贫困发生率为主要衡量标准。原则上贫困县贫困发生率降至2%以下（西部地区降至3%以下），由县级扶贫开发领导小组提出退出，市级扶贫开发领导小组初审，省级扶贫开发领导小组核查，确定退出名单后向社会公示征求意见。公示无异议的，由各省（自治区、直辖市）扶贫开发领导小组审定后向国务院扶贫开发领导小组报告。

国务院扶贫开发领导小组组织中央和国家机关有关部门及相关力量对地方退出情况进行专项评估检查。对不符合条件或未完整履行退出程序的，责成相关地方进行核查处理。对符合退出条件的贫困县，由省级政府正式批准退出。

## 四、工作要求

（一）切实加强领导。各省（自治区、直辖市）党委和政府要高度重视贫困退出工作，加强组织领导和统筹协调，认真履行职责。贫困退出年度任务完成情况纳入中央对省级党委和政府扶贫开发工作成效考核内容。地方各级扶贫开发领导小组要层层抓落实，精心组织实施。地方各级扶贫部门要认真履职，当好党委和政府的参谋助手，协调有关方面做好调查核实、公示公告、备案管理、信息录入等工作。

（二）做好退出方案。各省（自治区、直辖市）要按照省（自治区、直辖市）负总责的要求，因地制宜，尽快制订贫困退出具体方案，明确实施办法和工作程序。退出方案要符合脱贫攻坚实际情况，防止片面追求脱贫进度。

（三）完善退出机制。贫困退出工作涉及面广、政策性强，要在实施过程中逐步完善。要做好跟踪研判，及时发现和解决退出机制实施过程中的苗头性、倾向性问题。要认真开展效果评估，确保贫困退出机制的正向激励作用。

（四）强化监督问责。国务院扶贫开发领导小组、各省（自治区、直辖市）党委和政府要组织开展扶贫巡查工作，分年度、分阶段定期或不定期进行督导和专项检查。对贫困退出工作中发生重大失误、造成严重后果的，对存在弄虚作假、违规操作等问题的，要依纪依法追究相关部门和人员责任。

## POSTSCRIP 后　记

党的十八届五中全会从实现全面建成小康社会奋斗目标出发，明确提出到2020年中国现行标准下农村贫困人口实现脱贫，贫困县全部摘帽，解决区域性整体贫困。打赢脱贫攻坚战，是促进全体人民共享改革发展成果、实现共同富裕的重大举措，是体现中国特色社会主义制度优越性的重要标志，也是经济发展新常态下扩大国内需求、促进经济增长的重要途径。确保到2020年农村贫困人口实现脱贫，是实现第一个百年奋斗目标最艰巨的任务、最重要的工作。

本书紧密结合党中央、国务院关于打赢脱贫攻坚战的决策部署，回顾总结了我国扶贫开发事业的发展历程与成效，深入浅出地阐释了精准扶贫精准脱贫与全面建成小康社会之间的内在联系与重大意义、脱贫攻坚的目标与任务，深刻剖析了五大发展理念、六个精准与精准扶贫精准脱贫的辩证关系，分析了脱贫攻坚需要处理好的五个重大关系，强调了加强党对脱贫攻坚领导的重要性，辅之以相关案例分析，以帮助广大干部群众及时、准确、全面、深刻学习和理解中央提出的打赢脱贫攻坚战的政策精神，在实际工作中加以贯彻落实。

本书在国务院扶贫办全国扶贫培训宣传中心主任黄承伟研究员指导下，由四川农业大学党委书记庄天慧教授主持编写，编写组成员有张海霞、杨浩、杨帆、曾维忠、蓝红星、蒋尧、桑晚晴、徐丹妮、孙锦杨。初稿完成后，中国社会科学院教授王晓毅和贵州民族大学教授孙兆霞对书稿进行了评审，提出了修改意见。编写人员根据这些意见对初稿进行了修改，庄天慧负责审稿定稿工作。另外，中国农业出版社在对本教材审校过程中，给予了专业指导和大力支持。

本书编写过程中参考了相关资料，在此一并表示衷心感谢！

由于水平有限，书中不妥之处，恳请读者批评指正。

编　者

2018年5月

**图书在版编目（CIP）数据**

精准扶贫精准脱贫方略：基层干部读本 / 全国扶贫宣传教育中心组织编写 .—北京：中国农业出版社，2018.8（2018.12 重印）
全国扶贫教育培训教材
ISBN 978-7-109-24131-2

Ⅰ.①精… Ⅱ.①全… Ⅲ.①扶贫—研究—中国—干部培训—教材 Ⅳ.①F126

中国版本图书馆 CIP 数据核字（2018）第 091280 号

Jingzhun Fupin Jingzhun Tuopin Fanglue Jiceng Ganbu Duben

中国农业出版社出版
（北京市朝阳区麦子店街 18 号楼）
（邮政编码 100125）
责任编辑　黄向阳
文字编辑　刘昊阳

北京中兴印刷有限公司印刷　新华书店北京发行所发行
2018 年 8 月第 1 版　2018 年 12 月北京第 2 次印刷

开本：700mm×1000mm　1/16　印张：10.5
字数：186 千字
定价：38.00 元